JN122840

# 社会福祉施設と住民との協働関係の基盤

## 高齢、障害領域の社会福祉法人による実践アプローチからの検討

南 多恵子 著

みらい

# 目次

## 第Ⅰ部　社会福祉施設と住民との協働とは

## 第Ⅱ部　社会福祉施設と住民との協働を支える基盤の検討

## 第Ⅲ部　住民側からみた社会福祉施設との協働

## ●二次元コードについて

　本書では、一部の図をWeb上のデータとして保存しています。

　以下の図の掲載頁には、二次元コードを埋め込んでいます。スマートフォンやタブレットで読み取ると、当該頁の図が表示され、紙面上の項目を拡大して見やすくすることや、詳しく確認することができます。

　※データのダウンロードには、一定のデータ容量、データ通信費が必要となりますので、ご注意ください。

# 序章　問題の所在と本研究の枠組み

## １．変容する社会福祉施設と住民との関係

　本研究では、昨今広がる社会福祉施設（以下、施設）と住民とが協働しながら、地域福祉を推進する活動に焦点を当てて論じる。特に、社会福祉法人が運営する施設において、どのような基盤や職員の動きが必要なのか、協働関係に潜む内実を紐解いていく。その前に、なぜ今、この問いが必要なのかを確認しておきたい。

　その大きな理由は、施設に求められる社会的役割が変わろうとする潮目を迎えているのではないかという点にある。

　これまでの施設と住民の代表的な接点といえば“ボランティア活動”ではなかっただろうか。ボランティアを施設に受け入れ、施設利用者のQOL向上のため施設内で活動してもらう取り組みは古くからみられ[1]、今や、福祉サービス第三者評価事業においても、ボランティア等の受け入れに対する基本姿勢を明確にして体制を確立しているかどうかは評価基準の一つとなっている。このように、施設にとってボランティア受け入れが普及し一般化しつつあることと並行して、昨今では、施設と住民との協働関係のもと、施設周辺の地域福祉を推進するための様々な取り組みが展開されるようになってきている[2]。

　これには、2016（平成28）年の社会福祉法改正で「地域における公益的な取組」（以下、公益的取組）が義務として位置づけられ[3]、社会福祉法人が自らの強みを活かした地域福祉の推進を模索したことや、地域共生社会の実現に向けた地域からの期待も影響している（浦野ほか、2017：28-37）。

　全国社会福祉協議会がとりまとめた『地域共生社会の実現を主導する社会福

祉法人の姿—地域における公益的な取組に関する委員会報告書』(2019) におい
ても、社会福祉法人の役割として表序－1のとおり次の3点が提起されている。
それは、①他人事を『我が事』に変えていくような働きかけをする機能、②『丸
ごと』受け止める場、③協働の中核を担う機能である。このうち「③」は、専
門職の力を駆使してソーシャルワークを展開する領域であるが、「①・②」の場
合は、施設職員のみで完結できる取り組みばかりではない。地域住民が集まり、
交流する場の提供や福祉の勉強会の開催や、カフェやサロンなど、身近な地域
における「総合相談窓口」の設置や地域住民等との日常的な関わりからニーズ
を受け止める等は、住民との協働や地域のゲートキーパーとなってくれる住民
との信頼関係なしには難しい。このように、従来の「ボランティア受け入れ」
だけではない「住民との協働」という新たな課題を見出すことができる。
　このように、近年、施設が住民と深く関わりを持ち、地域福祉に資する取り

表序－1　地域共生社会の実現における社会福祉法人の役割

| ①他人事を『我が事』に変えていくような働きかけをする機能 |
| --- |
| 社会福祉法人は、地域ニーズに対応し多様な福祉サービスを提供してきた実践を活かし、地域にある課題について住民が「我が事」と感じて活動するきっかけを提供する。 |
| 例：地域住民が集まり、交流する場の提供<br>　　地域住民に対する福祉に関する勉強会の開催　など |
| ②『丸ごと』受け止める場 |
| 社会福祉法人は、施設・設備や専門人材等の資源を活用して、地域課題を「丸ごと」受け止める場を提供する。 |
| 例：カフェやサロンなど、身近な地域における「総合相談窓口」の設置<br>　　地域住民等との日常的な関わりから多様なニーズを受け止める　など |
| ③協働の中核を担う機能 |
| 社会福祉法人は、複数法人間連携や多様な機関とのネットワークを構築し、「②」による「受け止める場」とのつながりから、多様かつ複層化する課題に対し、専門的かつ包括的な支援を提供する。 |
| 例：都道府県域における複数法人間連携、市町村域における社会福祉法人連絡協議会の設置、自治体や社会福祉協議会との連携　など |

出典：全国社会福祉協議会（2019）『地域共生社会の実現を主導する社会福祉法人の姿－地域における
　　公益的な取組に関する委員会報告書—』11頁をもとに筆者作成

組みをすることが期待されている。しかし、これまでの施設と地域との関係を振り返れば、1951（昭和26）年に制定された社会福祉事業法（2000〔平成12〕年に社会福祉法に改称）により社会福祉法人が創設される前から、民間の慈善事業として宗教家等が地域における様々な福祉ニーズに応えてきた歴史がある。つまり、社会福祉法人による公益的活動を法改正で義務付けたり、地域共生社会の実現というお題目を掲げられたりしなくとも、これまでも施設は広く地域の福祉ニーズに応えて取り組んできたし、現在も、その原点を受け継ぎ事業展開している施設もあると思われる。しかし、明治・大正の形成期の後は、施設と地域との間に隔たりが生まれ、立地する地域の福祉ニーズとは距離があったのも事実である。

　戦後は、社会福祉法制に定められた施設を指し、法律で定められた公的な役割を担った施設を意味するようになった（小笠原ほか1999：3）。その後は、特に入所施設において「施設収容主義」とも呼ばれる閉鎖的な運営がなされ、地域との関係が希薄化した時期があったことは否めない。1970年代以降は、その時の反省に加え、コミュニティ・ケア、ノーマライゼーションの考え方の発展、普及のもと「施設の社会化」[4]が提起され、施設と地域の距離が縮まる一つの契機となった。

　岡本（1980）は、この頃の施設にとって、ボランティアが地域との仲介役として、つなぎ役として、すばらしい活動を始めていると指摘している。「保護」の原理を中心に運営してきた施設が、「地域・生活」の原理に徐々に転換しつつあった時期であり、そこには、いわゆる慰問型の活動から、施設で暮らす一人ひとりに合ったパーソナルで対人的なサービスに応えるボランティアの姿があった。老人ホームで暮らすお年寄りの爪切りをしながらスキンシップや会話を交わす「爪切りボランティア」、地域の中のスーパーなどに一緒に行って買い物を楽しむ「買い物ボランティア」、また、施設を拠点にして、施設周辺の地域の寝たきりの高齢者に配食サービスを行う主婦ボランティアを例示し、住民と協働しながら、施設の隔離性を乗り越えてきた経過があったと伺い知れるのである。

2000（平成12）年には、社会福祉事業法から社会福祉法へと改正され、第4条には「地域福祉の推進」が示され、社会福祉施設従事者も地域福祉の推進に努めなければならないとされた。前述の福祉サービス第三者評価が位置づけられたのもこの時である。また、高齢者福祉サービス事業に市場原理が導入され、契約制度に基づく介護保険制度がスタートすると、高齢者福祉事業者間の競争原理が作用し、利用希望者に選ばれなければならなくなった（佐橋、2012：99）。福祉のパラダイム転換とも呼ばれたこれら一連の動きや、2002（同14）年から教育の現場で総合的学習の時間が設けられ、福祉体験学習などの取り組みが始まったことは、施設ボランティアを受け入れる促進要因ともなった。地域に開かれた施設づくりのため、あるいは、第三者評価の評価を意識して、さらには選ばれし施設となるためにも、そして、教育現場からは福祉教育のためのパートナーとしても施設ボランティアの受け入れは求められ、受け入れ態勢がまだまだ整っていなかった混乱も抱えつつ（全国社会福祉協議会、2001：103-104）、ボランティア受け入れは徐々に広がり、浸透していった。施設ボランティアコーディネーションの理論化が進んだのもこの頃であり、複数点の文献がまとめられている（筒井ほか、1998）（全国社会福祉協議会2002）（妻鹿2004）（新崎ほか2005、2006）（神奈川県社会福祉協議会2006）。

　そして、2016（平成28）年の社会福祉法が改正され、前述の「地域における公益的な取組」の義務化へと至る。続く2017（同29）年、厚生労働省は「地域共生社会」の実現を打ち出している。福祉専門職集団たる施設への期待は大きく、施設を起点として、施設が地域社会にどのようなアプローチができるのかはいよいよ今日的課題となっている。つまり、手を差し伸べる対象となるのは施設利用者のみならず、周辺地域の地域課題であり、それゆえ、ボランティアとの付き合い方も変わっていく。つまり、自施設のために"受け入れる"ことも行いながら、施設の特徴や持ち味を活かしつつ、施設とボランティアとが協働し、地域福祉活動に当たる段階へと変容を遂げる時がきているように思える。この場合、施設内の特定のニーズに応える活動でなく、居住している地域課題に取り組むという文脈から、地域住民（住民）と称するほうが適しているかも

しれない。従って、本書では、施設内で施設利用者のために活動する人たちのことを“ボランティア”と称し、施設周辺地域の地域課題に対し、施設と協働して活動に取り組む場合は“住民”と区別して表したい。このように、施設と住民が協働できる関係性を構築していることは、周辺地域との良好な施設運営を維持するためにも非常に重要なポイントである。施設をめぐる大きな変化の潮流と共に歩んできたボランティアは、常に地域との架け橋となる存在であり、閉鎖的になりがちな施設に風穴を開け、地域社会への理解を促す連結器であった。ボランティアの力で地域課題に取り組む多様な実践が育まれるとすればその意義は大きい。

　そのために、制度の要請からでなく、それ以前より実際に住民との協働関係を構築しながら地域福祉の推進に当たっている施設から学び、これからの現場実践に寄与する協働関係の構築に至るための基盤となる条件や地域担当職員が協働のために必要な知識や技術はどのように獲得されたのか検討する必要がある。

## 2．施設と住民との関係をめぐる問題点

　それには、懸念される問題点が散見される。今後、全国各地で施設と住民による地域福祉をさらに推進するために、現在、考えられる課題を検討しておきたい。

　第1に、社会福祉法人の住民に対する認知度の低さが挙げられる（長野県世論調査委員会2018：9）。調査結果では、社会福祉法人の認知度は4人に1人、25％であった。また、地域貢献活動の具体的な進め方について、「地域住民との協働活動」「ボランティア活動の活性化」は、相対的に単独法人・施設でも取り組みやすい実践要素であるとしながらも、具体的にどう進めればよいかわからないといった現場における戸惑いの声も少なくないという指摘もある。そのうえ、福祉職、特に介護職に対する世間のネガティブなイメージの影響も憂慮される。津田（2010）は、介護職のイメージの負のスパイラルがあると指摘して

いる。それは、現状での社会的イメージの悪さから、社会的地位が低い中、低賃金、人員不足を引き起こし、介護労働者の離職に拍車をかけ、非正規雇用労働者の増加に伴い、介護の質の低下を招くという悪循環である。そのことは払拭に至っておらず、排せつを中心とした身体介護のイメージが強く、労働条件も悪いというように、社会が持つ介護労働のイメージは未だ否定的であるという（介護人材キャリア開発機構2019：26）。また、一般生活者、特に介護との接点がない層は、介護に対する関心が薄く、自分ごととして捉えられない。そのため、「介護」というワードだけでスルーしてしまう（＝関心を示さない）傾向にあることが指摘され（博報堂2018：111）、住民の側にしてみれば、そもそも社会福祉法人、施設に関心や信頼が持てないことが前提にあるのではないか。

　第2に、施設が地域にどのようにアプローチをすればよいのか、これまでの経験値が少なく、ノウハウがないことが挙げられる。「地域住民との協働活動」については、「施設側が主催する行事や活動等に対する住民の参加は活発であるが、地域住民による活動への施設側の関わりや協働による活動は比較的弱いことが伺えた。近年は社会福祉施設が比較的地域社会と地理的距離が近くなって来ており、施設の地域社会との関わりが増えつつある。なお、地域住民とのふれあいの段階を超えた、お互いの参画や協働による活動は次なる課題と言えよう」と指摘している（呉2018：29-40）。

　これまでの「地域貢献」は法人・事業者サイドからみて、地域に対し「できること」を行うというスタンスで許容されていたものが、現在では、住民が求めることに対して対応することが求められている（関川ほか2021：12）。地域共生社会の実現を牽引し、地域福祉を担う主体としての役割が問われているのである。

　第3に、社会福祉法人の体制整備の困難さが挙げられる。施設主催の行事参加への呼びかけや会場貸し出しなどの取り組みも、施設理解の裾野を広げるうえで大きな意味がある。だがそれすら、人材不足が深刻化している中、法人・施設が取り組んでいる地域貢献活動の課題として、「業務が多忙で時間をとれない」「人材不足で職員が関わることが難しい」という切実な意見もみられる（横

浜市社会福祉協議会2018：2）。社会福祉法人にとって、公益的取組は責務化されたが、そのことによる収益となる報酬は設定されていない。そのため、担当職員の配置や現場担当職員にどれだけ地域活動に従事してもらうかは、法人の経営事情や経営判断によって大きく変わり、地域福祉推進を考えるうえで常に不安要素となってしまう。

　改めて、社会福祉法改正に至る背景を押さえておく。介護や保育分野への企業参入が拡充する中、「経営主体間のイコールフッティング（基盤・条件を同一にすること）を確立すべき」との提言がなされ、さらに巨額内部留保の存在、社会福祉法人の税制優遇や補助金を受けるという過度な優遇への批判など、社会福祉法人に対する厳しい指摘が行われたことが影響している（湯川監修、2017：4）。

　それゆえ制度改革の狙いは、内部留保とイコールフッティングの問題を受け、社会福祉法人を従来通りの、非課税の非営利・公益法人として位置付けることに端を発している。公益的取組は、イコールフッティングの観点から出てきたもので、非課税として優遇する理由として「既存の制度が対応しない福祉ニーズにも対応する法人であり、民間企業等とは役割が違う」とされ、非課税相当額の一部をこうした事業に充てるので、おおむねイコールフッティングが成り立っていると考えられた経緯がある（関川ほか2021：11）。

　社会福祉法人制度が創設されたのは、1951（昭和26）年制定の社会福祉事業法による。その後、社会福祉法人は措置の受け皿として福祉サービスを提供する役割を担い、措置の独占的委託先として地位を確立させていった。しかし、1980年代に入り措置の見直しと契約によるサービス供給論が現れ、高齢者介護事業への営利企業の参入を契機に、何故社会福祉法人だけが助成や非課税措置を受けられるのか、イコールフッティングになっていないとの疑問が呈されたのである（田島2012：13-17）。

　当初は民間事業体でありながら、「国に代わって社会福祉事業を担う」、つまり「公」の役割を担い、その公益性ゆえに課税はされず、所管する厚生省当時にしてみれば、潰してはいけない、守るべき存在であった。しかし、2000（平

成12）年1月に厚生労働省が誕生、同年4月に介護保険制度が発足し、それまでの措置から利用者が契約する時代に入った。第二種社会福祉事業は多様な供給主体が参入することとなり、社会福祉法人の独占状態は実質的に解体される状況となった。このように社会福祉法人をめぐる環境は大きく変化し、内部留保がたまっている社会福祉法人が、明らかな公益性を発揮しない限り、それ以外の事業者との違いは何なのかという議論が出てくるのは当然であり、また「公の役割の実践」に対する恩典である非課税措置を見直そうとする動きが出てくるのは当然であった（渡辺2012：18-20）。

　このような背景から、内部留保が地域の新たな福祉ニーズに対応する財源として期待されていたが、実際には、社会福祉充実残額があった社会福祉法人は全体の1割ほどで、その多くが既存事業の充実に再投下している現状であり（関川ほか2021：12）、人件費も含め公益的活動の財源確保は今なお課題として横たわっている。

## 3．本研究の枠組み

　本研究の目的は、施設と住民とが協働し地域福祉の推進を行うために、制度の要請からではなく、それ以前より実際に住民との協働関係を構築しながら地域福祉の推進に当たっている施設から学び、協働関係の構築に必要な社会福祉法人の課題や基盤、地域担当職員が協働のために必要な知識や技術を帰納法的に検討することである。地域福祉の推進のためには、コミュニティワーク、コミュニティソーシャルワークという技法が知られている。これまでそれらは、主として地域福祉の推進を業務とする社会福祉協議会などでは多用されており、そこから応用できることは勿論多いと考えられるが、施設利用者に対するミクロなケースワークを業務の特徴としてきた施設にとってそれらがいかにして展開するのかは定かではない。そこで、施設と住民とが協働で地域の福祉ニーズに対し、何らかの実践アプローチを行っている中に混在するデータを分析・考察することで、これからの現場実践に寄与したい。

## （1）対象とする施設

　本研究の対象は、自施設へのボランティア受け入れにとどまらず、施設と住民とで協働で地域福祉推進に資する実践を行っている、主として高齢者福祉及び障害者福祉分野の事業を展開する社会福祉法人である。筆者は前職で、高齢分野の社会福祉法人の施設本部で、研修・実習・ボランティア・地域福祉推進を担っていた。その際の情報の蓄積や、所属する「日本ボランティアコーディネーター協会」[5]研究集会の登壇者、筆者自身がこれまで行ってきた施設におけるボランティア受け入れをテーマとした各地の研修の場で出会った施設担当者を辿り、機縁法により研究対象を抽出した。なお、本研究で取り扱うデータの多くは、筆者も参加している「住民と施設の協働のための実践モデルの開発」研究会[6]において、研究チーム合同で行った調査によるものである。本研究においてデータを使用することは、研究会の同意を得ていることを申し添える。

## （2）本書の構成

　本書は3部構成からなる（図序-1）。序章で問題の所在と本研究の枠組みを述べた後、第Ⅰ部（第1・2章）では社会福祉施設と住民との協働を検討し、第Ⅱ部（第3〜5章）では社会福祉施設と住民との協働を支える基盤について施設側のインタビュー調査から探求していく。第Ⅲ部（第6・7章）では住民側のインタビュー調査も行い、住民側からみた協働について探求する。そして、本書の総括と研究の提言及び残された課題を終章で述べる。

　まず第1章では、施設における住民との協働という概念整理を行う。協働という言葉は、社会福祉研究においても頻繁に使われるが、住民参加という形式や協働という言葉だけが注目され、その内実が検討できていないという指摘もある（原田2014：57）。そこで、住民との協働における文献レビューを行い、施設と住民が協働するというのは、何を指すのかを検討する。

　第2章では、社会福祉法人がこれまで住民と協働の実践をする際、どのような取り組みをしてきたのか文献検討を行う。そこから、施設と住民との協働に

図序―1　本書の構成

序章　問題の所在と本研究の枠組み

第Ⅰ部　社会福祉施設と住民との協働とは

第1章　社会福祉施設と住民との協働に関する概念の検討

第2章　社会福祉法人施設が取り組む地域福祉活動の文献検討
　　　　―地域住民との協働を伴う実践に着目して―

第Ⅱ部　社会福祉施設と住民との協働を支える基盤の検討

第3章　住民協働を推進する社会福祉法人が抱える課題
　　　　―地域担当職員のインタビューデータからの検討―

第4章　社会福祉施設との住民協働を推進するための必要条件
　　　　―社会福祉法人内外に求められる基盤の探索的検討―

第5章　社会福祉施設との住民協働のための地域アセスメント
　　　　―関係構築から地域ニーズ把握の展開に着目した探索的検討―

第Ⅲ部　住民側からみた社会福祉施設との協働

第6章　社会福祉施設と協働する住民の活動継続の理由
　　　　―高齢者福祉施設「西院」の事例による要因分析―

第7章　社会福祉施設と住民との協働の促進
　　　　―住民組織と高齢者福祉施設の実践例による要因分析―

終章　社会福祉施設と住民との協働関係を発展させていくために

関する研究動向の把握及び比較検討を通して、施設と住民との協働の促進に直結すると思われる協働実践のあり方について示唆を得たい。

第3〜5章では、14の高齢者、障害者福祉施設の地域担当職員のインタビュー調査で得たデータをそれぞれ異なる切り口で分析し、施設と住民の協働を検討していく。第3章では、住民協働を推進する社会福祉法人が抱える課題とは何かという切り口で、KJ法を用いて探索的に検討を行う。

第4章では、第3章と同様の14の高齢者、障害者福祉施設の地域担当職員のインタビュー調査で得たデータから、施設との住民協働を推進するための必要条件は何なのか、KJ法を用いて、社会福祉法人内外に求められる基盤を探索的に検討する。

第5章では、第3章と同様の14の高齢者、障害者福祉施設の地域担当職員のインタビュー調査で得たデータから、住民と協働する施設による地域アセスメントに焦点を当てる。施設を拠点とした周辺地域へのアプローチの過程の中で、地域のニーズといかにして出合うのか、その構造を探るため、KJ法によって探索的検討を行う。

第6章では、第3〜5章までとは異なり、逆に住民サイドからみた協働のあり方を探る。高齢者福祉施設「西院」（京都市右京区）の協力のもと、長期継続的にボランティアとして関わり続けている住民から、活動継続の理由を挙げてもらい、地域福祉活動の担い手である住民の活動を支えるものは何かを考える。

第7章では、施設と住民側組織とが協働している実践事例から、施設及び住民側組織のリーダーの語りの質的分析を通して、改めて両者の協働を促進するものは何かを考える。

終章では、これまで論じてきたことを総括し、①研究を通じて得られた知見、②得た知見からの提言、③本研究の意義と今後の課題を述べる。

【注】
1)　1965年に設立された我が国で最古の民間ボランティアセンター「社会福祉法人大阪ボランティア協会」40周年誌『市民としてのスタイル　大阪ボランティア協会40年史』（2005）16頁にお

いて、大阪ボランティア協会創設期以前のボランティア活動は、施設訪問中心のボランティア活動であったと触れられている。
2) 全国社会福祉法人経営者協議会では、約8,000の会員法人による「地域における公益的な取組」の実施状況報告等をホームページにおいて公開しており、約9割の会員法人が自らの取り組みを発信している。そのうち、「地域に向けた事業展開」が3,541法人、「福祉教育活動」は2,995法人と、高い割合で展開されている（2018-8-15時点）。
　　https://www.keieikyo.com/activity/index.html　（閲覧日2020-12-1）
3) 社会福祉法第24条（経営の原則）の第2項により、「社会福祉法人は、社会福祉事業及び第26条第1項に規定する公益事業を行うに当たつては、日常生活又は社会生活上の支援を必要とする者に対して、無料又は低額な料金で、福祉サービスを積極的に提供するよう努めなければならない」としている。
4) 1970年代以降、社会福祉施設の閉鎖的な運営に対する問いかけがきっかけとなり提起された問題。一般に「施設の社会化」とは、機能の社会化、処遇の社会化、運営の社会化、問題の社会化の4つを意味する。
5) 多様な分野で活動するボランティアコーディネーターのネットワークを築き、その専門性の向上と社会的認知をすすめ、専門職としての確立を図ることを目的に2001（平成13）年1月27日に「日本ボランティアコーディネーター協会」として設立された。同年8月、特定非営利活動法人を取得している。社会福祉施設におけるボランティア（住民）との協働は同会の主たるテーマであり、以前から各種研修を実施するなど、サポートを行っている。
　　https://jvca2001.org/
6) 同研究会では、2018（平成30）年から2020（令和2）年にかけて、「住民と施設の協働のための実践モデルの開発」（科研費研究助成事業　2018〜2020年度基盤研究（C）（一般）課題番号18K02086）を行っている。


【引用・参考文献】

新崎国広（2005）『社会福祉施設ボランティアコーディネーションのめざすもの（ボランティアコーディネーションの理論と実践シリーズ）』久美出版

新崎国広監修、南多恵子、後藤光弘（2006）『社会福祉施設ボランティアコーディネーションの実際（ボランティアコーディネーションの理論と実践シリーズ）』久美出版

博報堂（2018）『介護人材の確保に向けたメディア戦略の確立に向けた調査研究事業』：111頁

原田正樹（2014）『地域福祉の基盤づくり―推進主体の形成―』中央法規：57頁

介護人材キャリア開発機構（2019）『若者が夢を持って目指せる介護人材像に関する調査研究事業報告書』：26頁

かながわボランティアセンター施設ボランティアコーディネーション活動指針検討委員会（2006）『社会福祉施設のボランティアコーディネーション指針―はじめの一歩―』神奈川県社会福祉協議会

呉世雄（2018）「社会福祉法人施設の地域貢献活動の実施状況に関する研究　―地域貢献活動尺度

の因子構造とその特徴を基に―」『日本の地域福祉』31巻、日本地域福祉学会：29-40頁

妻鹿ふみ子（2004）「福祉施設におけるボランティア受け入れの現状と課題―担当者への調査から　ボランティアマネジメント活用の方法を考える―」『日本の地域福祉』18巻、日本地域福祉学会：110-119頁

長野県社会福祉協議会・長野県世論調査委員会（2018）『福祉に関する県民意識調査』　http://www.nagano-yoron.or.jp/pdf_report/2018/fukushi2018.pdf（閲覧日2020-8-1）

野村恭代（2012）「精神障害者施設における施設コンフリクトの実態」『社会福祉学』53（3）日本社会福祉学会：70-81頁

小笠原祐次、福島一雄、小國英夫（1999）『社会福祉施設』有斐閣

岡本榮一（1980）『入門ボランティア活動―管理社会への挑戦―』大阪ボランティア協会

佐橋克彦（2012）「わが国介護サービスにおける選択制と利用者主体の限界―準市場の観点から―」『北星学園大学社会福祉学部北星論集49号』：99-114頁

関川芳孝、鵜尾雅隆、千葉正展（2021）「地域の福祉ニーズに応える社会福祉法人の実践と財源」『月刊福祉』104（5）全国社会福祉協議会：12頁

田島誠一（2012）「社会福祉法人が存在意義を発揮し役割を果たすために」『経営協』348全国社会福祉協議会全国社会福祉施設経営者協議会：13・17頁

津田理恵子（2010）「学生の介護職のイメージ―介護福祉実習体験の違いによる意識の比較―」『厚生の指標』57（8）厚生統計協会：27-32頁

筒井のり子監修（1998）『施設ボランティアコーディネーター』大阪ボランティア協会

浦野正男、倉持康雄、菊地月香ほか（2017）「社会福祉法人改革の先にあるもの」『月刊福祉』100（10）全国社会福祉協議会：28-37頁

渡辺俊介（2012）「社会福祉法人を取り巻く環境と経営者への期待」『経営協』Vol.348全国社会福祉協議会全国社会福祉施設経営者協議会：18・20頁

湯川智美ほか（2016）『社会福祉法人の地域公益活動実践ガイドブック―PDCAでできる福祉ニーズの多様化への対応―』第一法規

横浜市社会福祉協議会経営者連絡会議・社会福祉事業連絡会議（2018）『社会福祉法人・施設の地域における公益的な取組等の実施に関するアンケート調査報告書』

全国社会福祉協議会（2019）『地域共生社会の実現を主導する社会福祉法人の姿―地域における公益的な取組に関する委員会報告書―』

全国社会福祉協議会（2001）『福祉・介護関連施設におけるボランティア受け入れマニュアル作成委員会中間報告書』

全国社会福祉協議会全国ボランティア活動振興センター（2002）『福祉・介護関連施設におけるボランティア受け入れマニュアル』

## ◇第Ⅰ部◇

## 社会福祉施設と住民との協働とは

# 第1章　社会福祉施設と住民との協働に関する概念の検討

## 1．研究の目的と背景

　本研究では、社会福祉施設（以下、施設）と住民の協働に関する概念整理を
テーマに取り上げる。

　かつてはボランティア受け入れや地域行事への参加など、施設と住民との関
係は限定的であったものが、昨今では、施設と住民とが協働し地域福祉を推進
するという活動が増えつつあり、それは地域共生社会の実現への期待や社会福
祉法人による地域公益活動の義務化という背景の中で、ますます求められている。
現場からすれば、国の施策によってトップダウンで示されたものであり、新た
な人的体制や財源確保もない中で、当然、戸惑いや不安を生む。その一方で、
自施設の利用者支援の向上のため、ボランティアを受け入れるという形態のみ
という協働のあり方を超えて、施設の立地する地域課題の解決に向けた住民と
の協働のあり方の模索が求められているのである。

　だが、ここでいう施設と住民の協働とはどのような姿を指しているのか、協
働を通してどのような関係を目指しているのかを確かめておく必要がある。今
日では様々なところで「協働」という言葉が使われているが、住民参加という
形式や協働という言葉だけが注目され、その内実が検討されていない（原田
2014：57）恐れがある。また、社会福祉の領域よりも実際に協働という言葉を
好んで使うのは行政であり、その際に「協働」という言葉は多義的な使われ方
をしていることに注意をしなければならないという指摘もある（原田2014：62）。

　施設がボランティアを受け入れ、自施設の利用者支援を協働してきたという
経過の中で、職員だけではできない多様なプログラムを施設に生み出し、支援

の質の向上を図り、地域に理解者を増やし、福祉のまちづくりへと裾野を広げてきた。

その一方、不足する介護サービスの代替として「有償ボランティア」や「ボランティアのポイント制度」などが事業化されている現状がみられるなど、ややもすればボランティアを安価なマンパワーとして活用したり、一定の社会的な役割を代替させようとする動きもみられる（原田2019：177-178）。筒井（1990）は、地域福祉の基礎として住民参加は重要だが、厚生省などでは在宅ケアの"担い手"として、ボランティアの無償性にのみ着目した「労力提供」の部分に過剰な期待をかけているようだと警鐘を鳴らしている。

「有償ボランティア」の動きは、1980年代後半から、ボランティア活動に対し少額の謝礼を得るものとして登場し、今も多用されている。介護保険制度の施行前、在宅高齢者へ常時安定的なサービス提供が必要とされた時代背景から、本来は無償の活動であるボランティアと有償とが組み合わさった造語が使われ、現在に至る。「有償ボランティア」という表現をめぐっては、「有償サービスの意義は認めるが、それをボランティアと呼ぶことには反対」だという反発も招き、1987（昭和62）年、全国社会福祉協議会・全国ボランティア活動振興センターは、「実費弁償を超えた報酬を得る活動はボランティア活動とは呼ばない」との見解をまとめている。だが、現在もなお、この言葉は多用されている。早瀬（2018）は、有償ボランティアは依頼する側も活動する側も便利な呼称だと指摘する。依頼側の事情は、実態は「（熱意ある）アルバイト」と変わらなくても、ボランティアという言葉に伴う自発性が連想され、能動的イメージが込められる。アルバイト募集とするより活動に共感度の高い人たちが得られ、また、最低賃金よりも低い条件であっても「ボランティア」だと説明でき、人件費を圧縮できる。わずかでも謝礼を払うことで、無償で依頼するよりも気楽に活動を頼みやすくなるというものである。一方、活動側も「お小遣い的」とはいえ謝礼が得られ、賃金のために働くイメージが伴うアルバイトよりも、社会的に評価されているように感じる人もいるという。そこで近年の歳出圧縮政策のあおりを受けて人材確保に苦しむ社会福祉施設や資金力の乏しいNPO、さらには

財政危機に瀕する自治体などが、積極的に「有償ボランティア」の"活用"を進めるようになっていると指摘する（早瀬2018：51-54）。また、「ボランティアのポイント制度」とは、厚生労働省が2007（平成19）年に地域支援事業交付金を介して導入の支援を始めた一種の「有償ボランティア」である。厚生労働省のガイドブックによれば、ボランティア当人にとって、介護予防の推進やボランティアポイントを介護保険料や介護サービス利用料に充当することも可能になるなどのメリットが期待できる一方、事業者側にとっては介護分野の人材確保の手法としての位置づけであるとも明記されている（厚生労働省2021：11）。

　ボランティアの役割をめぐっては、福祉専門職からすれば、インフォーマルサービスの担い手として教育課程でも教授され、当然そのような認識であると考えられる。ただしその側面が強調されすぎると、ボランティアが福祉人材として扱われてしまう危険性がある（原田2010：33）。ボランティアは単なるマンパワーではなく、施設のボランティア、地域担当者も単なる人材派遣担当ではないことは言うまでもない。ましてやボランティア人口の減少も実際に認められる中（総務省2022：21）、これまでより丁寧な地域、住民へのアプローチが必要ではないか。それは、活動の範囲が施設内から施設外へ広がったとしても、施設と住民の協働を考えるうえでは重要な指摘だと考える。施設側の「協働」の捉え方によっては、住民の自主性を伸ばし、健康維持に貢献する活動へと発展させることもできれば、住民の参加の意欲や力を封じ、場合によっては施設へのネガティブイメージを強め、単に形骸的で歪んだものとなってしまう懸念がある。現在、我々が実現を目指す地域共生社会に対しても、その負担を住民に「丸投げ」することでも、「我が事」として押し付けられるものであってはいけないのである（全国社会福祉協議会2019：21）。

　もともと協働とは「異なるセクターや組織が、共通の目的を実現するために、信頼関係のもと、対等な立場で、役割を持ち合いながら協力すること」である（石井大一朗2020：138）。また、日本NPOセンター（2021）は「協働とは、『異種・異質の組織』が、『共通の社会的な目的』を果たすために、『それぞれのリソース（資源や特性）』を持ち寄り、『対等の立場』で『協力して共に働く』こ

と」と定義付けている。NPOと行政の協働に詳しい木原（2003）は、協働という概念や行為を安易に扱ってはならず、NPOと行政がお互いの差異を認め合い、緊張感を伴った対等な関係を取り結ぶことができるかが問われており、協働は21世紀社会の命運を左右する重要な概念だと指摘している。施設と住民との協働という際も、協働という概念や行為を安易に扱うのではなく、地域をフィールドとした時にもあるべき協働を目指すことができるよう、検討する必要がある。その際、留意しなければならないのは、施設はあくまで利用者のために尽くし職員もそのために存在するということが第一義的にあり、新たに「住民、地域との協働」を示されることによる施設の過重負担にも目を向けなければならない。利用者の生活、生命を守るという社会福祉法人でしかできない第一義的役割は尊重しながら、なおかつ、その専門性を活かした社会福祉法人ならではの協働を模索する必要があることは言うまでもない。

　そこで、本書では、施設と協働とは何かという概念について、地域福祉、ボランティアの推進や隣接する市民活動領域からも文献を参考に検討し、施設と住民との関係のあり方を確認していきたい。

## ２．地域福祉推進における「住民参加」と「協働」

　地域福祉活動の先駆として知られるのは、イギリスの慈善組織協会（COS）[1]やセツルメント[2]である（永岡2003：27）。どちらもボランタリーな住民を起点とした活動であり、地域福祉の推進においては住民参加なくして成立しない。「異なるセクターや組織が、共通の目的を実現するために、信頼関係のもと、対等な立場で、役割を持ち合いながら協力すること」「協働とは、『異種・異質の組織』が、『共通の社会的な目的』を果たすために、『それぞれのリソース（資源や特性）』を持ち寄り、『対等の立場』で『協力して共に働く』こと」が、協働の意味である。だが、日本の地域福祉推進の文脈において、これまでから住民参加型の福祉活動は構成要素として位置付けられてきた。

　岡村（1974）によれば、地域福祉の概念を構成する要素は「①最も直接的具

体的援助活動としてのコミュニティ・ケア、②コミュニティ・ケアを可能とするための前提条件づくりとしての一般地域組織化活動と地域福祉組織化活動、③予防的社会福祉」の 3 者によって構成されるとしている。地域組織化活動は、コミュニティ成員である住民間に「共感と共属の感情にもとづく自然的な相互的援助や連帯性がみとめられる」ようなコミュニティの形成を目指すとされる（松端2007：25）。大橋（1995）は、地域福祉という新しい社会福祉サービスシステムが成立するためには、少なくとも、①在宅福祉サービスの整備、②在宅生活を可能ならしめる住宅の整備と移送サービスの整備、③近隣住民の参加による福祉コミュニティの構築、④都市環境の整備、がすすめられなければならないとしている。

　なお、本章では詳述しないが、特定のテーマで活動するボランティア活動をはじめ、趣味や遊びを共通項に集まるコミュニティ形成も、住民参加の一形態であることも押さえておく。

　牧里（2012）も、地域福祉の本質に迫る固有性の一つとして「住民参加」を挙げることができるとしている。この「住民参加」には住民参画を含めて、現行の福祉サービスをベターなものにする住民の協力や支援から、これらの福祉制度を支える社会制度の改変、そしてまたボランティアや民間人による非制度的な自主的助け合い活動への関与にまで及ぶとしている。地域福祉は、住民自身が福祉コミュニティをつくり、福祉を担っていくという住民参加抜きには成り立たない概念であるが、「協働」という概念はいつ頃から文献に登場するのだろうか。

　野口（2006）は、さらなる少子化によって生産年齢人口が減少し、生活や家族、コミュニティの弱体化が表面化している中、地域社会や住民の暮らしの変容によって、かつての地域福祉は、その基本的な性格を変えつつあると述べ、概ね1990年以前と以降では、地域福祉の成立要件が変化するとして、表 1 － 1 のように示している。ここで、"これから"の要件の中に、「協働」が登場していることがわかる。

　さらに野口（2006：69-70）は、「多くの地域福祉の運営では、住民参加の意

義や手法が述べられているが、地域福祉を推進していく主体間（住民、当事者、NPO、社協、施設等の事業者、企業、行政等）の協働の必要性やその方法論を論じたものは少ない。地域福祉の運営において住民参加が必要条件とするならば、協働が十分条件であるということができよう。地域福祉における協働とは、その推進主体間のパートナーシップと言い換えることもできる。すなわち、政府部門が統治する社会サービス等の資源供給システムから市民セクターを中核とする多元的な資源供給システムへの移行の中で必要とされる資源供給主体間の主体的協力関係を意味する。これからの地域福祉には、政府セクターと市民セクターによる資源供給主体に加え、住民による地縁・血縁ネットワークの主体的参加システムの再構築が必要とされる。地域福祉の運営において、3つのセクター間の主体的協働関係に基づく、推進主体間のパートナーシップが形成されることを期待する」とし、協働という時のパートナーは非常に幅広く、そして、協働は地域福祉推進の必要十分条件であると示唆している。

確かに、1990年代は協働の時代だという言説がある。石塚（2004：17-18）は、1995（平成7）年の阪神・淡路大震災について、救助、避難、復興という

表1－1　これまでとこれからの地域福祉

| これまで | これから |
|---|---|
| 理念・ノーマライゼーション | ・ソシアルインクルージョン |
| 供給・在宅福祉 | ・地域（包括）トータルケア |
| 方法・地域組織化 | ・コミュニティワーク コミュニティソーシャルワーク |
| 参加・住民参加型福祉 | ・住民の主体性 |
| 展開・概発的発展論 | ・内発的発展論 |
| 政策・政策形成型福祉 | ・政策実践型福祉 |
| 経営・行政＝社会福祉 | ・新しい公共と協働 |
| 運営・社協＝残余的地域福祉 | ・地域福祉の推進主体化 |
| 財源・補助金、委託金 | ・租税、自主財源 |

出典：野口定久（2006）「参加と協働による地域福祉のガバナンス―持続可能な地域コミュニティの形成―」『福祉社会学研究』3号 67-81頁

過程を行政だけではなく、逆に多くの部分において、地域コミュニティの人の
つながりや全国から参加したボランティアの力によってなしえたことで、行政
の力だけですべてができると思っていた時代が幻想だったと示した出来事にな
ったという。1990年代後半は、そのような精神的気運に加え、財政的にも行政
サービスの限界が見えてきたことがあり、行政、市民の両者から「協働の時代」
といわれるようになった。

　特定非営利活動促進法（以下、NPO法）が成立したのも1998（平成10）年の
ことである。それ以降、地域福祉の担い手にNPOが加わった。こうした市民
活動の広がりと行政側が抱える背景、つまり行政の政策形成能力の限界、財政
赤字の拡大、従来型市民参加制度の限界や市民自治力の強化や市民社会の成長
を目指し、行政の政策・施策に市民・NPOと行政の協働が謳われるようになっ
たという（木原2003、17-21）。NPO法における特定非営利活動の中には、「保
健、医療又は福祉の増進を図る活動」も含まれ、2021（令和3）年現在におい
ても、最も団体数が多いのがこの分野である[3]。地域福祉領域でも、福祉系NPO
が多数生まれ、地域福祉推進の担い手が多様化し、まさに主体間協働関係が望
まれる時代へと変容していく。

　『国民生活白書2004年度版』（内閣府）のテーマは「人のつながりが変える暮
らしと地域─新しい「公共」への道─」という。個人でも「官」でも対応が難
しくなってきた暮らしのニーズをどう満たすかが課題との指摘がある。かつて
地域集落が担っていた相互扶助のように個人が解決できない「公共」の問題を
新しい形で解決する可能性を持っているのではないかという問題意識から、全
国各地で実践されている数々の実践が紹介されている。そのうえで、地域の中
で進む、行政、企業、NPO、地縁型組織との「協働」を紹介する構成になって
いる。行政側からの多様な主体間の協働への期待が伺える。ただ残念ながら、
この白書の目次には社会福祉法人の姿は見当たらない。

　「協働」という言葉の顕在化に伴走するように、2010（平成22）年に内閣府か
ら「新しい公共」が出された。行政だけが公共を担うのではなく、地域の多様
なアクターと共に歩む新しい時代変化が示された（塚本2018：1）。今や「協働」

は自治体行政にとって欠かせない用語となり、自治体が策定する行政計画に「協働」という文字が登場しないことのほうが少ないといえるほどである（泉澤2018：79）。

　原田（2014：57）によれば、民主党政権時に「新しい公共」について盛んに議論され、地方自治体と住民の「参加と協働」が注目され、それは地域福祉の分野でも同様に始まったことと述べている。従来、地域福祉の領域では「住民参加」を重視してきたが、地域福祉計画の策定において強調されることとなる。

　折しも、2000（平成12）年には社会福祉法の改正によって、「地域福祉の推進」がこの法律の重要な目的の一つとなった。同法の第1条は「地域における社会福祉」のことを「地域福祉」と規定したうえで、「地域福祉の推進を図る」ことによって「社会福祉の増進に資する」ことが、この法律の目的だと述べている。また、同法の第4条では、「地域住民」と社会福祉関係者は「地域福祉の推進に努めなければならない」と定めている。この「地域福祉の推進」に実効性をもたせるため、同法第107条、第108条によって、市町村は「地域福祉計画」を、都道府県は「地域福祉支援計画」を策定することとなった。ここで重要なのは、地域福祉計画を策定する時は住民参加が不可欠の前提であると、社会福祉法が宣言していることである。同法第107条では、地域福祉計画を策定したり変更したりするときは「あらかじめ、住民、社会福祉を目的とする事業を経営する者その他社会福祉に関する活動を行う者の意見を反映させるために必要な措置を講ずるとともに、その内容を公表するものとする」と規定している（全国社会福祉協議会2003：17）。

　さらに、2002（平成14）年、社会保障審議会福祉部会は「市町村地域福祉計画及び都道府県地域福祉支援計画策定指針の在り方について（一人ひとりの地域住民への訴え）」という通知を出している。そこには「一人ひとりの地域住民への訴え」という呼びかけともいえる一文があり、「とかく、これまでの社会福祉は、ややもすると行政から地域住民への給付という形をとってきた。しかしながら、これからは、個人の尊厳を重視し、対等平等の考え方に基づき、地域住民すべてにとっての社会福祉として、かつ、地域住民すべてで支える社会福

祉に変わっていかなければならない。そのためには社会福祉に対しての地域住民の理解と協力、つまり地域住民の参加と行動が不可欠なのである。…（中略）…これらの計画が21世紀の福祉を決定づけるものとして広く地域住民の参加を得て策定されることを求めるものである」と住民参加を強力に押し上げている。

2017（平成29）年に、地域共生社会の実現に向けた社会福祉法の改正がなされた。同法第4条第1項は、「地域住民、社会福祉を目的とする事業を経営する者及び社会福祉に関する活動を行う者（以下「地域住民等」という。）は、相互に協力し、福祉サービスを必要とする地域住民が地域社会を構成する一員として日常生活を営み、社会、経済、文化その他あらゆる分野の活動に参加する機会が確保されるように、地域福祉の推進に努めなければならない」と規定されている。ここでいう参加には、（1）計画策定への参加、（2）地域福祉活動への参加、（3）地域社会への参加の3つの側面があり、この3つの側面で住民参加が推進されることが指摘されている（全国社会福祉協議会2003：18）。

そして新たに、支援を必要とする住民（世帯）が抱える多様で複合的な「地域生活課題」について、住民や福祉関係者による把握及び関係機関との連携等による解決が図られることを目指すという「地域福祉の方法」が第4条第2項に明記された。

地域共生社会の実現に向けては、①それぞれの地域で共生の文化を創出する挑戦、②すべての地域の構成員の参加・協働、③重層的なセーフティネットの構築、④包括的な支援体制の整備、⑤福祉以外の分野との協働を通じた、「支え手」「受け手」が固定されない、参加の場、働く場の創造、という5つの視点が重視されており[4]、協働の文字も②⑤に盛り込まれ、多様な住民参加と協働のあり方を促進しつつ地域福祉を推進していくことが示されている。

以上、地域福祉の領域における「住民参加」と「協働」とについて概観してきた。地域社会の変容やNPO法の成立、行政側からの多様なアクターとの協働の要請などにより、「住民参加」に加えて「協働」という用語が用いられてきた経緯が伺えた。現在は、地域共生社会の実現に向け、もはや必然のものとして定着している。それでも"施設と住民の協働"とした時に、何をもって協働と

いい、どのような協働ができるのか。また、住民の参加を支援する職員の役割はどのようなものなのかは、引き続き探求する課題として残る。

## 3．施設において住民と「協働」を進める参加のあり方とは

　前節での協働の定義を、施設ボランティアに当てはめるとすれば、"施設がボランティアを自施設に受け入れ、利用者支援の質の向上という目的のため、施設職員とボランティアが対等の立場で、協力して共に働く"ことと捉えることができる。施設内で活動するとボランティアと呼んでいるが、実際のところは、その地域の住民そのものである。施設ボランティアは今や珍しいものではないが、ここに至るまでには課題がないわけではなかった。

　大阪ボランティア協会が1981年にまとめた『ボランティア―参加する福祉―』によると、「ボランタリーな『住民（市民）参加』が広がり、多様化を見せているにもかかわらず、『制度的体系』の側では、住民（市民）参加の動きは動きで、自分たちの現場はそれどころではないといったセクショナリズムの状況があちこちに見受けられます。いわば、ボランタリーな『住民（市民）参加』を真正面から受け止め、それに積極的に働きかけ、協働の学習場面をつくり、福祉的課題の解決と福祉創造の役割をともに担おうとする姿勢に欠けるきらいがあります」と厳しく指摘している。続けて、施設側とボランティア側の双方の苦情も紹介されている。「施設側のボランティアに対する苦情は、①来たり来なかったりする無責任性、②鼻につく善意意識、③自分本位の恣意性、④かえって職員が手をとられるといった多忙化、⑤施設の生活リズムが乱されるといった不定期性などに対する苦情です。一方、ボランティア側の施設に対する苦情としては、①思いつきに用事を押し付けられる無計画性、②職員の便利屋意識、③邪魔者意識、④施設長と職員との受け入れの不一致、⑤ボランティア・ルームがないなどの無整備、⑥活動の方法や意義が知らされないといったコミュニケーション不足、⑦相談に乗ってもらえないといった非援助性、などです」というように、完全なミスマッチが起きていることも紹介している。これではボ

ランティアはどんどん脱落し、辞めていくのは目に見えることであり、施設における活動では、運営や指導の責任は施設側にあり、責任の大半は受け入れる施設側にあるとも指摘している。ボランタリーな住民（市民）参加のネックになっている社会福祉の「制度的閉塞化」をどのようにして打開していくか、それには施設と住民双方の間に"協働の領域"を創造していくことが鍵であり、その鍵を握っているのはコミュニティ・ワーカー（コーディネーター）であることを、既にこの当時から提言していることに驚く（大阪ボランティア協会1981：245-248）。

　前章で述べたように、こうした課題を内包していた時代を経て、施設でのボランティア受け入れに関しては、職員とボランティアが互いの持ち味を活かしながら、対等な関係で活動ができるよう、ボランティアコーディネーション理論が整理されてきている。1981（昭和56）年当時と同じ課題が完全になくなったかといえばそうではないが、課題解決のための方法論を活用することができるようになっている。

　ボランティアコーディネーション研究の視角から捉えた時に、本研究でいう施設と住民と協働による地域活動は、これまで自施設内で行われてきた実践の舞台を、今度は立地する地域に広げていくことであるともいえる。この地域をフィールドとした時に、前節でも指摘のあった多様なアクターとの協働をしながら、住民の参加ができる場も多様に柔軟に考えていかなければならない。石井祐理子（2020）は、これからの施設では、施設利用者の課題を解決するための資源としてのボランティアを受け入れるにとどまらず、地域課題の解決のために、社会福祉施設を資源として地域に提供し、地域住民やボランティアが社会福祉施設を活用する手法としての地域ベースでのボランティアコーディネーションが求められているということができるのではないかと指摘する。

　ボランティアコーディネーションと呼ぶべきかどうかは、これからの議論を待つ必要があるが、いずれにせよ、地域福祉の領域には、住民の主体的活動を促進するためのコミュニティワークという手法がある。地域の具体的な課題を解決したり、住民の自発的行為が活かせるプログラムを作ったり、地域課題を

計画的に改善する計画策定などを行っているのであり、施設と住民との間にも何らかの専門職のアプローチはなくてはならないものとして想定すべきであろう。

　定藤（1989：100-101）は、「コミュニティ・ワークのゴールで少なくとも必ず問題にされるのはタスク・ゴールとプロセス・ゴールであるが、前者においては、地域住民のニードに応えて具体的な課題を達成すべく、住民の生活問題の協働的解決を図ることを主要な目的の一つとするものである」と述べている。この協働的解決を図ることのできる施設と住民の関係性が育まれるよう目指したいものである。続けて定藤は、「このような具体的課題の達成も必要だが、コミュニティ・ワークでは、それを達成するまでの諸過程も重視され、プロセス・ゴール（過程目標）の成就が基本的理念の１つとされている。その主論者であるロスによれば、それは具体的には、コミュニティの諸課題を明らかにしたり、それらに取り組んでいく過程にいろいろな個人や集団が広範に参加する中で、しだいに彼らの間に有効な相互作用や合意が形成され、協力・協働的な態度を育成すること、あるいはコミュニティづくりそのものが目標と捉えられているのである」とも述べている。

　なお、協働のあり方について、原田（2014：62-81）が、地域福祉計画を策定する時の行政と住民の関係構造について、憂慮すべき点を指摘している。行政側からみて、効率的な合意形成を求める「合理的な事業遂行のための協働」と地域住民を主体とした視点から捉えた「過程を重視した対等型協働」の２つの方向性があるという点である。後者は対話の過程を重視した対等な位置付けのもとに関係構築をしようとするものである。

　施設と住民との関係においても、この後者の関係を大事にしたいものである。いわば、地域課題や住民の要望にないことであっても、住民参加のもとで決定したかのように施設都合で事を運んだり、住民との対等性を尊重せず、ボランティアを"活用"したりするようでは、それは目指す協働とはほど遠いであろう。地域の課題解決のために、施設と住民とが対等な関係で、お互いの持ち味を活かしながら、協働で実践を通して取り組む行為を成立さすならば、これら、

ボランティアコーディネーションやコミュニティ・ワークから多くを学べる可能性が伺える。

## 4.「なぎさの福祉コミュニティ」論からの言説

「協働」という言葉を直接用いているものではないが、本研究テーマにとって、重要な知見を示していると思われる言説がある。それは、岡本榮一らの唱える「なぎさの福祉コミュニティ」という論考である（岡本2013：2-19）。

　この“なぎさ”のことを岡本らは、次のように定義づけている。「特別養護老人ホームや児童養護施設などの福祉施設が、陸と海の間に展開されるなぎさのように、施設と地域社会の間に公共的な空間をつくり、そこにおいては継続的・意図的な支えあいや交流活動を生み出し、ノーマルな社会的・対人的な地域社会関係の創造をめざすことをいう」というものである。施設と地域との架橋となり、福祉コミュニティを創造し、排除や差別のない一人ひとりが大切にされる包括的な社会を生み出すことをイメージすることができるという定義でもあり、大いに共振できるものである。

　岡本は「施設の社会化」論に対し、「地域福祉」への架橋が十分ではないという課題意識を持ち、ハンナ・アレント（H.Arendt）が『人間の条件』の中で説く「現れの空間」を施設にもつくっていく必要があるのではと投げかける。ナチスに追われてアメリカに渡ったアレントは、この本で、閉ざされ管理化された空間や、画一的な社会ではなくて、さまざまな人が“現れ、出会う空間”の大切さを哲学的に語っている。つまり彼女は、「さまざまな人が出会い、語り、創造する〈多様性〉のある世界の創造こそが人間にとって重要なんだ」と説いているという。この多様な人とひととの出会いの空間的な創造こそが、「福祉コミュニティ」の創造に通底するとしている。

　施設は一般的には、「閉ざされがちな、入所型福祉施設」としてのイメージがある。しかし昨今では、様々な公益的活動が生まれ、地域福祉の一翼を担う存在として期待されている。このことは、福祉を核にした支えあいの場を意味す

る「福祉コミュニティ」の創造なのである。いわば"なぎさ"という言葉は、一つのシンボル的な意味を持たせた言葉だとのことである。

この"なぎさ"創出には、4つの目的・視標（原理）がある。

1つ目は、「地域共同性を生み出しているか」である。ボランティアを「派遣する」「活用する」「利用する」といった視点からは共同性は生まれるはずがない。共同する関係とは、ある一つのプログラム、地域ボランティアと職員とが共同してつくりあげているかどうか、そうした〈共に共同する関係性〉のなかで、なぎさを創造する過程そのものが、語りあいや生きる力、あるいは喜びや連帯を生み出し、エンパワメントする母体である。

2つ目は、「地域文化などの生活媒体を活かしているか」である。地域社会には、独自の地域文化や経済的営みや自然がある。そこには固有の生活習慣もある。人々が育ち、学び、働き、飲食をともにし、楽しむ生活媒体としてのコミュニティがある。地域社会関係は、地域文化や地域経済とクロスするものである。なぎさは、地域文化への媒体、入口としての役割を果たさねばならないとしている。

3つ目は、「地域へのアイデンティティを生み出しているか」である。地域社会関係は、住民の意識と深い関係を持つ。同じコミュニティで生活する隣人としての"思いやり"や"配慮"といったことである。同一性の感情、つまりアイデンティティの共有なしに地域社会関係は成立しない。それは、"必要とされること"から始まり、われわれの施設といった"われわれ感"から、さらに"コミュニティ意識"へと発展するものである。これらは、福祉コミュニティ形成の根っ子にならなければならず、ボランティア活動は、地域アイデンティティを生み出す推進役を担っているとしている。

4つ目は、「ノーマライゼーションの原理を提示しているか」である。地域住民が、福祉施設で生活していようが、在宅でケアを受けながら生活していようが、あたりまえの生活を保障することであり、これを支えるのは、絶えざるノーマライゼーションに関する「学習プログラム」である。交わりや支えあいを豊かに構築し、"共に生きる"関係をコミュニティ内に築くことを指している。

施設が「管理主義」におちいることを避ける原理でもあると言及している。

　このように「なぎさの福祉コミュニティ」を概観すると、施設拠点を“なぎさ”としながら、住民がいつでも訪れることができ、去ることのできる、共同できる場を生み出し、共同する。そして、共同の場は施設だけとは限らず、地域社会、地域経済とも関係させて地域媒体とつないでいく機能も併せ持たなければならない。そして、施設も住民も同じ地域にいる隣人としての感覚を持ち合わせ、我が地域をノーマライゼーションの行き届いた暮らしやすい地域へと志向する。このような目的を果たし得るポテンシャルを秘めているのが、社会福祉法人の施設ではないかと思えるのである。前節では、ボランティアコーディネーションやコミュニティワークから学ぶべき要素があるとしたが、「なぎさのコミュニティ」論は、生活の場である施設に暮らす、そこに居る人々と共に同じ場に居ることへの価値を現しており、施設という場で展開する実践である以上、非常に重要な示唆を与えているといえる。

　村田（2017：145）は、施設は長らく迷惑施設として位置付けられ、都市計画において郊外や僻地に置かれてきた歴史があると指摘する。ところが、そうした施設を市街地や住宅地に戻そうとする政策転換がなされる今もなお、住民との施設コンフリクトは起きている。その意味でも、社会福祉法人が地域ニーズに応える団体であることを住民に対し発信し、地域資源として意図的に位置付けていく戦略の必要性を示唆している。


## 5．まとめ


　ここまで、施設と住民との協働とは何を指すのか、その概念を文献から探索してきた。そして、ここから得られた示唆を挙げておきたい。

　1つ目は、地域福祉推進の領域では、理論化が始まった当初から「住民参加」がキー概念として用いられてきたが、NPO法の成立や市民活動の高まり、「新しい公共」の登場、政策形成能力の限界や財政赤字等の行政側の事情などが相まって、「協働」という新たなキー概念が顕在化し、今もって「住民参加」と

「協働」の両方ともが重要な概念として多用されている。また、「なぎさのコミュニティ」においては、協働という言葉ではなく、共同を用いている。そのため、施設現場においては、「住民参加」「参加」「協働」「共同」といった言葉の意味を再検討する必要もあるのではないかという点である。言葉にとらわれ過ぎず、しかしながら、施設現場においては、同じ場所に共にいるということ自体に価値あり、共同・協働双方の視点に立ち、そこから物事を捉える必要があるのではないか。

　2つ目は、先行研究からは、協働するにあたっての課題を見出すに至っていないという点である。協働は立場の異なるもの同士が共通の目的のために対等な立場で連携・協力することになるため、そのやり方は組み合わせの数だけ存在する（泉澤2018：84）。以下は、まちづくりの地域協働に関する言及だが、その障害要因となることとして、「地域協働」の「習慣」がない、可能性が未知数である、「地域協働」の「像」が見えない、パートナーが不在、組織的ネットワークが弱い、職員の意識が低い、役割分担が不明確、運営・調整キーマンが不在、ルール枠組みが不在、ノウハウ・スキルが不足、トップの政策判断が消極的、「推進フレーム」が不明確、そして「地域協働」への移行（業務）が大変、などが挙げられている（長野2005：35）。このようにみると、施設と住民との協働を進めていくにも決して容易くはないだろう。

　3つ目は、誰がどのように何を行って実践が創り出されているのかは、先行研究からはそう明らかになっていない点である。具体的にどのような動きが施設にあるのか、いかなる基盤を整えねばならないのか、ボランティアコーディネーションやコミュニティワークの価値、知識、技術は本当に活かされているか、コーディネーター人材が置かれ、機能はどのようなものかなど、その内実を明らかにし、方法論を構築することは今後の課題である。

　4つ目は、従来の地縁的、地理的、行政区画的な単位を想定した地域との協働にのみ視点を置くのではなく、インターネット、SNS、メタバースなど、リアルとは異なる世界でのつながりやコミュニティを人は創造し、利用し、拡張している現代社会の特徴を活かした住民との協働も一つの可能性として模索す

る価値があるのではないかという点である。前者でいう地域では、協働できる
住民そのものの高齢化や固定化は全国的な課題といわれており、地縁的な色彩
の強さによるメリットデメリットもある。だが、今やオンラインによって地縁
的、地理的、行政区画的な地域を超えて人とつながれる時代であり、その良さ
を活かした展開も考えられるのではないか。

　そして5つ目は、協働がもたらす意義の検証という点である。なぜ協働する
のかといえば、公益的活動の義務化が背景にある影響は少なからずあると考え
られるが、それだけではない実践の意義は、実際に実践をしている現場実践か
らの言語化を今後、期待したい。

　2000（平成12）年前後の「新しい公共」の担い手としては、国民生活白書に
は挙げられていなかった社会福祉法人の施設ではあるが、この地域共生社会の
実現に対しては、その期待される役割は極めて大きい（全国社会福祉協議会『月
刊福祉』2017年12月号の特集は「これからの社会福祉法人の役割―地域共生社
会の中核を担う―」である）。社会福祉法人の施設が住民との協働関係の下、地
域活動を進めるための協働の本質や協働に期待される機能などが詳らかになる
ことで、これから実践を始めようとする施設や福祉専門職教育にも貢献できる
と考える。引き続き、施設と住民との協働による実践に注目し続けていく必要
がある。

　ただし本章は、主として地域福祉・ボランティア推進という分野での歩みや
国の施策などを文献研究により考察しているものである。限られた領域におけ
る検討という点で限界性があることは述べておきたい。


【注】
1)　COS（Charity Organization Society）を慈善組織協会と訳される？。1869年、ロンドンで発
　　足。サービスの濫給や漏給を防ぐために、サービス供給者側が調整を図り、効果的な活動を行
　　うことを目的としている（山縣2007：75頁）。
2)　地域の中に住み込んで、住民との生活全般の交流により、地域全体の生活の改善と福祉の向
　　上を図る活動のことをいう。ロンドンで活動したロンドン大学の教員と学生の運動（トインビ
　　ーホールを拠点に展開）を端緒に、アメリカや日本でも広がった（山縣2007：74頁）。

3) 内閣府NPOホームページによると、2021（令和3）年6月時点の認証NPO法人は5万820団体で、その内、20分野中「保健、医療又は福祉の増進を図る活動」は2万9,758団体と最多。
https://www.npo-homepage.go.jp/ （閲覧日2021-6-18）
4) 厚生労働省「地域における住民主体の課題解決力強化・相談支援体制の在り方に関する検討会最終とりまとめ―地域共生社会の実現に向けた新しいステージへ―（平成29年9月12日）」。なお、2020（令和2）年の社会福祉法の改正により、本文中の第1項は第2項に、第2項は第3項の条文として規定されている。
https://www.mhlw.go.jp/file/05-Shingikai-12201000-Shakaiengokyokushougaihokenfukushibu-Kikakuka/0000177049.pdf　（閲覧日2021-6-19）

**【引用・参考文献】**

原田正樹（2019）「ボランティアの本質とケアリングコミュニティの構築にむけて」岡本榮一監修、ボランティアセンター支援機構おおさか編『ボランティア・市民活動実践論』ミネルヴァ書房：177-178頁

原田正樹（2010）「ボランティアと現代社会」柴田謙治・原田正樹・名賀亨編『ボランティア論―「広がり」から「深まり」へ―』みらい：33頁

原田正樹（2014）『地域福祉の基盤づくり―推進主体の形成―』中央法規：57-81頁

早瀬昇（2018）『「参加の力」が創る共生社会―市民の共感・主体性をどう醸成するか―』ミネルヴァ書房：51-57頁

石井大一朗（2020）「つながりを支える「組織」」板倉杏介、醍醐孝則、石井大一朗『コミュニティ・マネジメント―つながりを生み出す場、プロセス、組織―』中央経済社：138頁

石井祐理子（2020）「住民と施設の協働のためのボランティアマネジメント―好事例から学ぶ―」京都光華女子大学京都光華女子大学短期大学部研究紀要（58）：79-89頁

石塚雅明（2004）『参加の「場」をデザインする―まちづくりの合意形成・壁への挑戦―』学芸出版社：17-18頁

泉澤佐江子（2018）「協働は本当に進んでいないのか―自治体職員を対象とした意識調査から―」自治体学会『自治体学』31(2)：79-85頁

木原勝彬（2003）「ＮＰＯと行政の協働は何か」新川達郎監修、「ＮＰＯと行政の協働の手引き」編集委員会編『ＮＰＯと行政の協働の手引き』大阪ボランティア協会：17頁

厚生労働省老健局（2021）『令和3年度介護予防活動普及展開事業ボランティアポイント 制度導入・運用の手引き』
https://www.mhlw.go.jp/content/000761589.pdf（閲覧日2021-12-18）

厚生労働省社会保障審議会福祉部会（2002）「市町村地域福祉計画及び都道府県地域福祉支援計画策定指針の在り方について（一人ひとりの地域住民への訴え）」https://www.mhlw.go.jp/shingi/2002/01/dl/s0128-3a.pdf（閲覧日2021-6-19）

内閣府（2004）『国民生活白 2004年版 ～人のつながりが変える暮らしと地域―新しい「公共」への道―』

https://warp.da.ndl.go.jp/info:ndljp/pid/9990748/www5.cao.go.jp/seikatsu/whitepaper/h16/01_honpen/index.html（閲覧日2021-6-18）

永岡正己（2003）「地域福祉の源流」牧里毎治編『地域福祉論―住民自治と地域ケアサービスのシステム化―』放送大学教育振興会：27頁

長野基（2005）「ガバナンスのデザイン」佐藤滋、早田宰編著『地域協働の科学―まちの連携をマネジメントする―』成文堂：35頁

日本NPOセンター　https://www.jnpoc.ne.jp（閲覧日2021-6-19）

牧里毎治（2012）「住民参加で読み解く岡村地域福祉論」牧里毎治、岡本榮一、高森敬久編『自発的社会福祉と地域福祉』ミネルヴァ書房：119頁

松端克文（2007）「地域福祉の構成要素」上野谷加代子、松端克文、山縣文治編『よくわかる地域福祉第3版』ミネルヴァ書房：25頁

村田文世（2017）「地方分権下の地域社会における社会福祉法人制度改革の意義―公益的活動の法制化に着目して―」社会政策学会『社会政策学会誌』：136-146頁

野口定久（2006）参加と協働による地域福祉のガバナンス―持続可能な地域コミュニティの形成―」『福祉社会学研究』3号：67-81頁

大阪ボランティア協会（1981）『ボランティア―参加する福祉―』ミネルヴァ書房：244-255頁

岡本榮一監修（2013）『なぎさの福祉コミュニティを拓く―福祉施設の新たな挑戦―』大学教育出版：2-19頁

岡村重夫（1974）『地域福祉論』光生館：62頁

大橋謙策（1995）『地域福祉論』放送大学教育振興会：28頁

定藤丈弘（1989）「コミュニティ・ワークの思想」高森敬久、高田真治、加納恵子、定藤丈弘『コミュニティ・ワーク―地域福祉の理論と方法―』海声社：100頁

総務省（2022）『令和3年社会生活基本調査―生活時間及び生活行動に関する結果―』：21頁

塚本淳子（2018）「地域・協働・ノットワーキングの組織論に向けて」佐々木利廣編著、大阪NPOセンター編『地域協働のマネジメント』中央経済社：1-8頁

筒井のり子（1990）『ボランティアコーディネーター』大阪ボランティア協会：15-17頁

山縣文治（2007）「戦前の日本の地域福祉の展開」上野谷加代子、松端克文、山縣文治編『よくわかる地域福祉　第3版』ミネルヴァ書房：75頁

全国社会福祉協議会地域福祉計画の策定促進に関する委員会（2019）『地域共生社会の実現に向けた地域福祉計画の策定・改訂ガイドブック』：21頁

全国社会福祉協議会（2003）『住民参加による地域福祉推進に向けた人材養成のあり方―「住民参加による地域福祉計画策定実践手法に関する研修プログラム研究開発事業」報告書―』：17頁

# 第2章 社会福祉法人施設が取り組む地域福祉活動の文献検討

## ―地域住民との協働を伴う実践に着目して―

## 1. 研究の背景

　社会福祉法人の社会福祉施設（以下、施設）と地域住民（以下、住民）との協働関係といえば、長らくボランティアの受け入れが代表格であったと考えられる。施設ボランティアは、我が国のボランティア活動の中でも歴史が古く、今では福祉サービス第三者評価のガイドライン項目[1]にもあるように、一般的なものとなっている。だが、昨今では、施設と住民の接点は施設内のみに留まらず、施設周辺地域の地域福祉の推進に資する活動を協働で取り組む実践例も珍しくない[2]。妻鹿ら（2020）は、このような実践を「ボランティア受け入れ」の進化系としての「住民との協働」という視角で捉え、研究を行っている。2016（平成28）年の社会福祉法改正により、社会福祉法人には「地域における公益的な取組」が義務化され、より社会貢献、地域貢献をすることを要請される社会福祉法人制度改革下の時代にあり、他方で長年活動をしてきた施設ボランティアが高齢化してかつての勢いを失っているというボランティア側の事情もある（筒井2014：4-11）中で、今後の施設のボランティア活動はどうあるべきかを、新たな視角から検討する必要があると指摘している。このような背景から、ボランティアも含め住民との協働関係は、施設を起点に施設内外、双方向を視界に入れて展開される時代へと転換しつつあると考える。

　だが、これまでに施設が地域と関係がなかったかといえば、決してそうではない。施設を運営する社会福祉法人は、1951（昭和26）年に制定された社会福

祉事業法（現・社会福祉法）により創設された特別法人だが、その前身は、民間の慈善事業として宗教家等が戦前より実施しており、地域における様々な福祉ニーズに応えてきた過程がある。だが戦後は、1947（同22）年の児童福祉法に定められた児童福祉施設をはじめとして、社会福祉法制に定められた施設を指し、法律で定められた公的な役割を担った施設を意味するようになった（小笠原ほか1999：3）。その後は、特に入所施設において「施設収容主義」とも呼ばれる閉鎖的な運営がなされ、地域との関係が希薄化した時期があったことは否めない。1970年代以降は、その時の反省に加え、コミュニティ・ケア、ノーマライゼーションの考え方の発展、普及のもと「施設の社会化」[3]が提起されている。施設と地域の距離は、再び縮まり出したのである。

　2000（平成12）年には、社会福祉事業法から社会福祉法へと改正され、第4条には「地域福祉の推進」が示され、社会福祉施設従事者も地域福祉の推進に勤めなければならないとされた。2016（同28）年には再び社会福祉法は改正され、前述の「地域における公益的な取組」が義務化されている。「施設が本来、民間の社会福祉事業者として有する自主的・自律性を回復することによって、地域における様々な福祉需要にきめ細かく対応し、あるいは制度の狭間に落ちてしまった人々を救済していくために、創意工夫を凝らした福祉経営を行いつつ、社会福祉事業に係る福祉サービスの供給確保を中心的に合う高い公共性を有する特別な法人類型として位置づけられるものである」という社会福祉法人の本旨に基づき法制化されている（湯川2016：22）。続く2017（同29）年、厚生労働省は「地域共生社会」[4]の実現を打ち出している。少子高齢化、人口減少社会を背景とした社会経済の存続が危惧される中、誰もが安心して暮らし続ける社会の創造を基本理念とし、住民一人ひとりの助け合いや課題解決を推進するための新しい枠組みを掲げたものである。地域共生社会の実現に向け、福祉専門職集団たる施設に期待される役割は大きい。施設を起点として、施設が地域社会にどのようなアプローチができるのかはいよいよ今日的課題となっている。

　このような背景の中、施設が地域社会にできるアプローチ方法は、主に3つ

が考えられるという（全国社会福祉協議会2019：10-11）。それは表序―1（8頁参照）のとおり、①他人事を『我が事』に変えていくような働きかけをする機能、②『丸ごと』受け止める場、③協働の中核を担う機能であるという3点である。このうち③は、施設には複数の国家資格取得者が従事しており、福祉専門職ならではの力を駆使してソーシャルワークを展開する分野であるが、①、②の場合は、施設職員のみで完結できる取り組みばかりではない。地域住民が集まり、交流する場の提供や福祉の勉強会の開催や、カフェやサロンなど、身近な地域における「総合相談窓口」の設置や地域住民等との日常的な関わりからニーズを受け止めるなどは、住民との協働や地域のゲートキーパーとなってくれる住民との信頼関係なくしては難しいであろう。ここに、従来型の「ボランティア受け入れ」だけではない「住民との協働」という新たな接点を見出すことができる。

　もっとも、社会福祉法改正以後の「地域における公益的な取組」要請の有無にかかわらず、従来、ボランティアの受け入れなど、地域福祉活動に熱心な施設は散見される。そこには、先達が開拓してきた知見や多様なアプローチ法が包括されているはずだが、その実践理論化の研究はこれからの課題である。そこで本研究の主題とする「住民との協働」に着目し、これまでの研究動向を把握するとともに、施設と住民との協働の促進に直結すると思われる協働実践のあり方について明らかにしていきたい。


## ２．目的と意義

　本研究では、「施設と住民との協働」に関する研究動向の把握及び比較検討を通して、施設と住民との協働の促進に直結すると思われる協働実践のあり方について示唆を得ることを目的とする。

　本研究により、住民との協働実践を模索する施設にとって有用な情報が提供できると考える。

## 3．研究方法

### （1）文献の収集方法

　施設と住民との協働は、実際には社会福祉の領域のみならず、建設や環境など他領域にわたっている。使用されている用語は、「社会福祉施設」「協働」「協働関係」「住民」「地域住民」などさまざまである。そのため、CiNii Articles、Google Scholar及びJ-STAGEを使用し、それぞれ「社会福祉施設」とAND検索した。

　研究動向の把握のために、地域福祉の推進が明確に位置付けられた2000（平成12）年の社会福祉法改正から2020（令和2）年までの、過去20年間の論文を対象として探索した。

### （2）レビュー対象文献の選定基準

　学会講演の要旨、書評、特集、解説、実践報告などを除き、学術論文のみを選び、重複するものや、本テーマに関係のないもの、学会地方紙の抄録論文は除外した。また、研究デザインが明らかであり、定量化、定性化がなされている論文を対象とした。

　また、本書では社会福祉法人が運営する施設を対象としているため、収集した文献のうち、社会福祉法人施設以外の施設のみを対象とした論文は除外した。

### （3）分析方法

　選定基準に沿って収集した文献は、施設と住民との協働における手法や留意すべき点について書かれている文脈に着目し、それぞれ当該部分を抽出した。さらに、「施設種別」「地域住民」「施設と住民との協働に関する記述」「掲載誌の分野」「研究デザイン」「投稿誌分野」で分類した。

## （4）倫理的配慮

　文献の著作権を遵守し、原論文に忠実であることに努め、その引用に配慮した。

## 4．結果

### （1）対象論文

　対象論文は、表2－1のとおりであった。「課題抽出」をテーマとした論文は1編、「量的調査」を行った論文は3編、法人あるいは施設の「発展経緯」を辿る論文が3編、「具体的プログラム」が記述されたものが11編の合計18編であった。そのうち、ボランティアを対象としたものは5編であった。研究デザインでは、質的記述的研究が5編、横断研究が6編、縦断研究が1編、事例研究が6編であった。

　なお、「施設と住民の協働」に焦点を当てた研究の動向を図2－1に示した。縦軸に年代、横軸に専門分野を取り、その関係を示している。図の表頭項目「投稿誌分野」中の「―」は、当該論文が大学紀要であり、分野の特定が困難であることを示している。

### （2）「施設と住民の協働」に焦点を当てた研究の動向

#### ①専門分野及び年代

　表2－1、図2－1に示した論文の内訳から、研究動向を把握していきたい。

　年代別には、比較的途切れなく研究発表がなされている。専門分野では、福祉医療系が10編と多く、そのうち、⑧のみが看護、医学系であり、あとはボランティアを含む福祉系である。⑭は家政学の分野で取り扱われている。また、②⑪⑫は災害をテーマとしており、④は阪神・淡路大震災、⑪⑫は東日本大震災に関連した内容である。⑥⑦⑮⑩は、施設をフィールドとした研究に違いな

表２－１　対象論文

| No. | 類型 | ボランティア | 著者 | 施設種別 | 地域住民 | 施設と住民との協働に関する記述 | 研究デザイン | 投稿誌分野 |
|---|---|---|---|---|---|---|---|---|
| ① | 課題抽出 | | 神部(2020) | 高齢者福祉施設 | 当該地区住民 | 協働実践をしているグループインタビューであったため、実践詳細の紹介はなかった。 | 質的記述的研究 | ― |
| ② | | | 竹之下・長島(2018) | 介護保険施設 | 当該地区住民 | アンケート調査の項目に「地域等との相互支援に関する11項目：地域と日頃からの顔が見える交流」があり、「図っている」施設が48%であった。また、「災害時に近隣地域に対して必要な支援」を「説明をしている」施設が20%であり、「していない」施設が80%もあった。 | 横断研究 | ― |
| ③ | 量的調査 | ○ | 石井(2013) | 全種別 | 吹田市内における施設ボランティア | アンケート調査の項目に「地域等との相互支援に関する11項目：地域と日頃からの顔が見える交流」があり、「図っている」施設が52%であり、「図っている」施設と近隣地域に対して必要な支援の「説明をしている」施設が20%であり、「していない」施設が80%もあった。 | 横断研究 | ― |
| ④ | | | 関・熊谷(2001) | 老人福祉施設 | 「防災福祉コミュニティ」の代表者54名 | 今後、老人福祉施設と地域住民の連携を横断するための意向を確認するための調査を実施。連携に関する調査結果には「老人福祉施設は入居者への支援などを期待しているものの、地域住民組織の支援期待は薄弱である」「負傷者の受け入れについては、地域住民組織の受援期待が大きいものの、老人福祉施設の支援意向は弱いものの、その支援意向に応える双方の行動意志から大きな影響を与えている」「兵庫県内南部地域発生以前に事業を開始している老人福祉施設ほど地域住民組織からの受援を期待している内容が強い。 | 横断研究 | 地域安全 |
| ⑤ | | | 金丸(2020) | 障害児者福祉施設 | 当該地区住民 | 障害者福祉施設の建設に向けた話し合いへ行政が参与する役割を担い、行政との交渉に掛け合ったことである」と紹介している。 | 質的記述的研究 | ― |
| ⑥ | 発展継続 | | 足立・宮本・赤木・近藤・日下・本多(2001) | 障害者福祉施設 | 当該地区住民 | ある地域に施設が立地する際に、地域住民の障害者が新しいという無理解、違和感といった新たに立地される施設という不安要素、近隣地域との関係を築くことへとやがて拡大すると考えられる。 | 事例研究 | 建築 |

| No. | 具体的プログラム | 著者（年） | 施設 | 利用者 | 内容 | 研究方法 | 分野 |
|---|---|---|---|---|---|---|---|
| ⑦ | | 浜崎・延藤（2001） | 高齢者福祉施設 | 老人ホームに新しく入居した老人とともに、新しい老人たちともに会をつくる会（当該地区住民組織） | 当該地域に立ち上がった高齢者福祉施設の新設にあたり、その構想段階から住民起動型活動（につくる会）にある建築家が関わり、生活、ケア・空間・運営といった高齢者介護にまつわるあらゆる課題に、当事者すべてが一緒になって取り組んでいった。 | 事例研究 | 建築 |
| ⑧ | | 永田（2017） | 地域密着型グループホーム | 利用者家族および当該住民（民生委員含む） | 地域密着型の職員と利用者家族および住民合同の「看取りの学習会」を実施した。 | 横断研究 | 看護、医学 |
| ⑨ | | 黒木（2017） | 高齢者福祉施設 | 当該地区住民 | 施設設立時より、民生委員を中心とした地域活動関係者と老人クラブ講座を開催しボランティア活動の受け入れを行っていった。やがて、実際に地域で暮らす住民が認知症になった例と事例に「仮想介護計画」の立案及び「徘徊高齢者捜索模擬訓練」に住民と専門職「協働」で取り組んだ。 | 質的記述的研究 | — |
| ⑩ | | 唐崎・石井・岩崎（2016） | 障害者福祉施設 | 定年退職後のシニア世代を中心としたボランティアが農場・事務局機能をNPO法人が担う。 | 農園が障がい者福祉施設の利用者を農作業を受け入れている。収穫物を利用者家族が購入することで、生産者と消費者の相互扶助的な関係が成り立っている。 | 質的記述的研究 | ランドスケープ |
| ⑪ | | 柿沼（2014） | 介護老人福祉施設、介護老人保健施設、障がい者支援施設 | 当該地区住民 | 平常時から周辺の住民と協働する行事として、防災訓練が挙げられる。介護老人福祉施設、介護老人保健施設、障がい者支援施設において避難訓練を実施する行う。都道府県の指導監査等では住民と専門職「協働」で取り組んだ。 | 横断研究 | — |
| ⑫ | | 柴田（2010） | 高齢者福祉施設 | 当該地区住民 | 年間約5,000人、1日から30名程度のボランティアが訪れる。大勢のボランティアの受け入れには、的確なボランティアコーディネートが行われている。地域交流室がり、地域の交流センターとしても機能している。 | 事例研究 | — |
| ⑬ | ○ | 高木（2010） | 高齢者福祉施設2、障害者福祉施設1 | 当該地区住民 | 3施設のボランティア受け入れ実数を紹介されている。年間1,000人を上回るボランティア受け入れを行っている。いずれの施設も、地域住民との関わりが紹介されている。 | 質的記述的研究 | — |
| ⑭ | ○ | 立松（2008） | 幼老複合・併設施設 | 当該地区住民が参加 | インタビュー先の16か所の施設における地域における地域との関わりが記述されている。施設内外で多様な地域との関わりが記述されている。 | 横断研究 | 家政 |
| ⑮ | ○ | 上原（2007） | 知的・精神障害者、その他の生活保護デイサービスおよび菓子箱生産を行う施設 | 地元の学校教員、その他住民の障がい者、地域住民のヘルパー・ボランティア、大学生、森林インストラクター、幼児から高齢者まで参加。 | 法人所有の約4.5haの私有林にて、2005年3月より毎月1回（住民活動により3回は9回）、休日の午前中2時間を使った森林療法を使った森林ワークショップ実施。 | 縦断研究 | 森林 |
| ⑯ | ○ | 佐藤（2004） | 3事例中、1事例は実施されるデイサービスの事例 | 施設を拠点に実施される高校生および高校生が参加 | 民間ボランティアセンターが、社会福祉施設を拠点に、5日間程度の宿泊型のワークキャンプを実施。事業OBがファシリテーターとなり、運営補助および高校生を経験した高校生。 | 事例研究 | 福祉教育、ボランティア |
| ⑰ | ○ | 山本（2004） | 高齢者福祉施設 | 義務教育下の学校 | 福祉教育を接点として学校生徒を受け入れた社会福祉施設の実践例。 | 事例研究 | 福祉教育、ボランティア |
| ⑱ | ○ | 新崎（2002） | 障害児福祉施設 | 短期体験型ボランティアプログラムに参加する一般ボランティア | ボランティアセンターと協働し、短期体験型ボランティアプログラムを設定、センターが一般募集するボランティアを受け入れる。 | 事例研究 | 福祉教育、ボランティア |

49

いが、建築、森林、ランドスケープといった分野の専門誌にて掲載されており、施設に着目する研究領域は決して福祉だけに偏ったものではないことがわかる。

## ②論文の種類

　表2-1では、論文の種類を「課題抽出」「量的調査」「発展経緯」「具体的プログラム」に分けて整理している。

　「課題抽出」では、介護老人福祉施設における地域住民とのつながりに焦点を当てた地域貢献活動の意義と困難さについて探索的に検討していくことを目的としている（神部2020）。

　「量的調査」では、地域安全・防災の観点から、今後、高齢者福祉施設と地域住民の連携を模索するための意向を確認するための調査を実施したもの（関ら

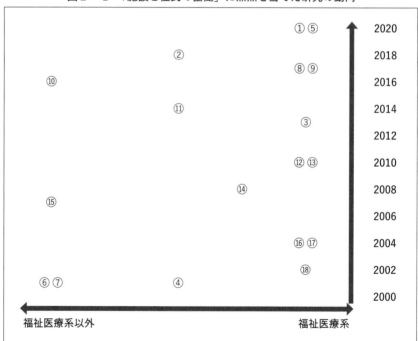

図2-1　「施設と住民の協働」に焦点を当てた研究の動向

2001）と、その時の実態を把握したものとがある。関らの調査は、阪神・淡路大震災を経て行われたものであり、竹之下・長島（2018）は、東日本大震災後の千葉県香取・海匝地域の介護保険施設における災害対策の現状と課題を論じたものであり、災害の共通項を見出すことができる。また石井（2013）は、介護保険施行後は企業立の施設も増えてきた背景から、吹田市内のボランティア受け入れの状況の把握及び社会福祉法人施設との比較検討を切り口として分析している。結果的には、運営法人による違いは見られない。

　「発展経緯」では、3編のうち2編は事例研究で1編は質的記述的研究である。法人もしくは施設創設時から調査をする時点までの発展経緯を丹念に追跡し、どの時期に、どのような住民との協働が行われたのかも示されている。金丸（2020）は、よさのうみ福祉会（京都府与謝郡与謝野町）を取り上げ、「行政力」「地域力」「福祉力」の「三位一体」の取り組みを紹介している。その中で、障害者の発達要求に基づいて発達支援及び地域支援が展開されていたことを明らかにした。発達支援は、なかま・職員・地域住民の連帯を通して、障害者の発達要求を地域の担い手として組織することであり、地域づくりは、障害者と地域住民の要求を練り上げ、地域社会の民主的な連帯を支えるよう組織することである。この三位一体の取り組みの原動力になったのは、与謝の海養護学校づくり（1960年代〜）を継承・発展している、よさのうみ福祉会における地域福祉実践運動の蓄積であったとする。

　足立ら（2001）と、浜崎ら（2001）の論文は同年に建築分野の学会誌で発表されている。この2編では、施設建設後に住民との接点を努力して取り結び壁を破っていくか、建設前から住民ぐるみで取り組むことで初めから壁がない状態で建設するかという対照的な事例が紹介されている。足立らは、農山村、街、都市の3地域における社会福祉施設の立地と地域受容過程に関する事例研究を行い、知的障害者のノーマライゼーションを促進しうる地域社会システムとその計画条件を抽出することを目的に研究を行った。ある地域に施設が立地する際に、地域住民の障害者に対する無理解、違和感、偏見などから立地には難色が示されることが多く、施設側にもその葛藤を除去するための努力が重要であ

るとした。調査の結果、①地域住民の積極的雇用、②地域との交流を積極的に行うこと、③地域住民と対等な関係を築くこと、④「小規模」居住化を図ること、⑤バックアップ強化を図ることの5点が地域受容過程の課題として得られた。このことから、住民との交流を積極的に行うだけでなく、その他の方法も総合的に取り組むことが重要であることがわかる。互いを理解するきっかけにもなり、施設と地域の壁が徐々になくなっていき、やがて地域に受容される。それが隣接地域にも波及的に拡大するとしている。

　一方、浜崎らの場合、むしろ建設前から住民参画型で住民が望む施設を創り上げた実践を取り上げ、2年にわたるワークショップ[5]の実際を紹介している。当該地域に立ち上がった高齢者福祉施設の新設にあたり、住民起動型活動＝「つくる会」に、その構想段階から施設運営者となる福祉スタッフと施設設計者である建築家が関わり、生活・ケア・空間・まちづくり・運営といった高齢者介護にまつわるあらゆる課題に、当事者すべてが一緒になって取り組む過程を踏んでいる。その結果、「施設という rigid な壁により閉ざされ、外部・制度からの抑圧がある固い空間・運営に対し、ワークショップという手法を用いることにより、開かれた場での参加者の主体的・偶発的発話とコミュニケーションのエネルギーが、その壁に穴を開け、filter 化すると同時に柔らかく変形させる 。それにより参加者の経験と意見が相互浸透し、新たな創造作用を育む。さらにワークショップの集団的創造性が安定した形（円）を結び、内発的な力を生成し、自由な方向への移動を可能にする回転エネルギーを育むようになる。そこには安心と自律のある居場所が創出される。この系譜的プロセスが脱施設化である 」と考察している。

　「具体的プログラム」では、横断研究、縦断研究、事例研究がみられる。

　上原（2007）は、利用者、職員と地域住民が協働で森林療法をすることによる、利用者への効果を検証した。当該施設は私有林を保有しており、多様な住民が参加するワークショップを継続的に開いていた。利用者には、爽快感が高まる傾向が常に示される結果となった。特に爽快感の向上や、不安感の減少が著しく認められている。また、定期的な活動場所に里山を認識できるようにな

った。住民側からは、里山への認識、親近感の高まり、自己の自然体験の振り返り、障害者や福祉活動への新たな認識ができたと挙がっている。

　佐藤（2004）、山本（2004）、新崎（2002）は、いずれも、福祉教育・ボランティアの観点から考察している。共通しているのは、より良い福祉教育・ボランティア学習実践のためには、施設と社会福祉協議会や学校、NPOなどとの連携と、それらのコーディネート機能が重要であると示唆している。

　立松（2008）は、世代間交流を焦点化し、幼老複合・併設施設を研究対象として選んでいる。施設が地域と関わることによって、施設高齢者と地域のつながりができ、高齢者が地域住民の一人として役割感を抱くことができるチャンスを作る取り組みもあるとし、高齢者やスタッフが「施設内」で地域と関わるもの、「施設外」で地域と関わるもの、地域の人に「施設開放」するものと3つに類型化している。

　柴田（2010）、高木（2010）はボランティア受け入れをテーマに論じている。柴田が取り上げたキリスト教系高齢者福祉施設「旭ヶ岡の家」（函館市）では、数多くのボランティアが活躍しており、その背景として、的確なボランティアコーディネートが行われたり、地域交流室が設けられ、地域との交流センターとしても機能していることが指摘されている。ボランティアや文化活動を通じ「福祉施設と地域住民をつなげる役割」を果たせることを示唆した。高木は、ボランティアマネジメントのプロセスを丹念に分析すると共に、ボランティア活動への参加動機や形態の変化を指摘する。「参加動機の変化は、1970年代までは『他人のための活動』が主であったが、1970年代後半から『自分のために活動する人々』が登場し、1980年代後半には『自分のために』という動機が声高に叫ばれるようになり、活動に対しても『楽しさ』を求めることが当然視されるようになった。さらに、ボランティア活動に参加する人びとにとって、自己について語り、自己を明確にするのに役立ち、自己を発展させ、あるいは自己を変える体験は圧倒的な関心を得るようになったと指摘されている。このようなボランティアは『エピソディックボランティア（Episodic Volunteer）』と呼ばれ、伝統的なボランティアとの比較から指摘されている」としている。エピソディ

ックボランティアに対しては、活動の入り口においてボランティアの私的利益や関心と福祉施設の公的利益とのバランスのとれた着地地点でコンセンサスを得る必要性を指摘している。また、地域福祉の推進という視点から、個人の社会的孤立を防ぎ、個々に合ったプログラムの提供は個人の潜在的能力を顕在化させる可能性を示し、障害者や触法少年、外国人等を受容的・支持的に受け入れる有用性も説いている。施設職員にとって、コミュニティワークが本来の職務ではないが、コミュニティワークの価値や技術を取り入れることで、施設の社会化はもちろんのこと、地域福祉推進の担い手としての可能性も示唆している。

　柿沼（2014）は、東日本大震災時における社会福祉施設等の要援護者支援体制構築に関する現状分析を行っている。調査結果から、①平時からの防災訓練参加を他施設や自治会・周辺住民に呼びかけをしている施設では、年間の防災訓練の実施回数が平時からの呼びかけをしていない施設と比較して統計上も多いことが判明した。②平時から呼びかけをしている施設では、自治会・周辺住民の訓練への参加割合が多い。③介護老人福祉施設では、何らかの安否確認をしている施設が他の施設と比較して統計上も多いことがわかったとし、日常的な住民との協働、災害に備えるために、防災訓練の協働実施を特に求めている。

　唐崎ら（2016）の研究では、定年退職後のシニア世代を中心としたボランティアが運営する農場「園芸福祉ファーム・お〜い船形」（千葉県野田市）を舞台とした、社会福祉法人施設とのいわゆる農福連携の取り組みに焦点を当てている。住民側のNPO法人が事務局を運営し、農園が施設利用者を農作業に受け入れている。収穫物を利用者家族が購入することで、生産者と消費者の相互扶助的な関係が成り立つという構図がみられる。活動の背景には、野田市が早くから福祉のまちづくりに力を入れていたこと、障害者福祉に取り組みむ市民ネットワークが行政と連携していたこと、市の福祉ゾーンの中に公設民営の農産物直売所ができ、障害当事者を雇用するほか福祉に力を入れた展開をしていたことが挙げられる。この農場は、生活協同組合が園芸福祉に着目し、市が抱えていた遊休農地増大と、障害者施設の利用者の自立の両方の問題を解決できる

活動として提案し、生まれたものである。園芸福祉活動の成立には、多様な人材・組織の連携、コーディネート機能と人材、農業の作業・休憩環境の整備、消費者と連携した農業経営が必要である。そのためには、地域包括ケアシステムの視点に立った地域連携や、コーディネート人材の育成が有効だと結語している。

　黒木（2017）は、実際に地域で暮らす住民が認知症になったと想定した「仮想介護計画」の立案及び「徘徊高齢者捜索模擬訓練」を実施する高齢者福祉施設の実践を紹介している。住民と専門職が協働で取り組み、その経験から内省を促し、「認知症」を新たに意味づける了解過程をフォーカス・グループ・インタビュー法によって明らかにした。

　永田（2017）は、地域密着型グループホームで、職員と利用者家族及び住民合同の「看取りの学習会」を実施し、アンケート調査を行った。その結果、特に職員とっては、看取りに関する知識を得、参加者と情報を共有することは、看取りに対する不安・恐怖を緩和し、看取りに向けた心構えの形成及び促進、すなわち看取る覚悟につながることが示唆された。


### 5．考察


### （1）協働実践の分布

　収集した文献のうち、協働実践の特定のテーマは設定されていない「①」を除き、どのような協働手法が取り上げられているのかを図2－2に示した。「Ⅰ．地域に溶け込むための基盤づくり」のために有用と考えられる実践と、「Ⅱ．多種多様な地域住民との協働の取り組み」が生み出されていることがわかる実践の2つに大別されるのではないかと考える。

　現在でも、施設コンフリクト[6]が各地でみられるように、地域社会に潜む当事者への無理解、違和感、偏見などから、立地に難色を示されることは施設にとって大きな問題である。施設が地域に受け入れられ、そして、インクルーシ

ブな地域社会を目指すためには、住民との地域交流なくしてはあり得ない。施設の建設後、この課題に向き合わねばならない場合、交流機会を積極的に持つ努力が必要である。それが互いを理解するきっかけにもなり、施設と地域の壁を徐々に破ることにもなる。一方で、人口減少高齢化時代を迎えた地域社会には、福祉課題が山積しており、"我が事"として当事者意識を持つ住民も少なくない。その場合、建設前の段階から住民協働で施設を構想し、関係者の思いを込めた施設づくりをすれば、そもそも施設コンフリクトは起きにくい。施設開設後の住民協働もスムーズに展開できる。さらに当事者、職員、住民が連帯し、誰もが暮らしやすいまちづくりへ向けた実践運動へと昇華させる可能性も示されている。

　そのうえで、施設と住民の協働により、多種多彩なプログラムができること

図２－２　協働実践の分布

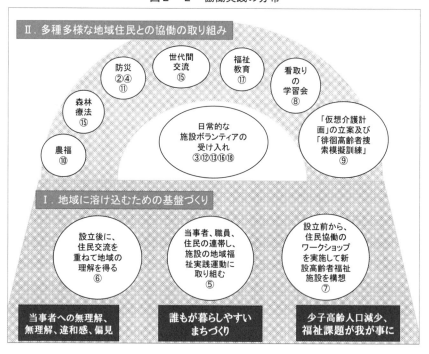

がわかった。まずは施設への日常的なボランティア受け入れが中核に位置し、さらに、施設内外で環境、農業、災害、福祉教育、福祉など多種多彩なプログラムが展開されている。多くは施設内で研修やワークショップなどの各種プログラムが行われているが、中には、住民側のNPO法人が運営する農場に当事者が受け入れてもらっているという例もみられ、関係機関・団体との連携も柔軟に取り結んでいく姿勢が、よりユニークな活動を生み出すのではないか。

## （2）求められる技術

レビューにより見出された施設に求められる技術にはいくつかある。代表的なものは、ボランティアコーディネート、コミュニティソーシャルワーク、ワークショップのプログラムデザインやファシリテーション[7]、企画立案力、会議進行術などが必要であることがわかる。また、実に幅広いバックグランドの住民、行政、NPOなどとコミュニケーションを要するため、コミュニケーション力やフットワークの良さも求められるだろう。

日常的なボランティア受け入れには、ボランティア、施設利用者、施設職員の3者のニーズを汲み取り、適切にボランティアマネジメントを行う必要がある。ボランティアマネジメントには、施設内にボランティア理解の組織風土を形成するという施設向けのマネジメントと、活動希望者の募集、オリエンテーション、マッチング、フォローアップ、リコグニションという活動希望者に対する一連のマネジメントの両面がある（筒井1998：31-90）。良質なボランティアコーディネートがあって、「⑫、⑬」にみられるような年間数千人規模のボランティアが日常的に施設運営の協働に結びつく。

また、障害者や触法少年、外国人等特別な配慮を要する人たちのボランティア受け入れは、施設ならではのソーシャルインクルージョンの実践であり、地域福祉推進の視点からも評価できる。ボランティア受け入れから垣間見える地域課題に対し、施設もコミュニティソーシャルワーク機能を持つことが示唆されているが（高木2010）、今や標準的に備える時代を迎えたといえるだろう。

建築やランドスケープといった分野の投稿誌で発表された文献からは、住民

参加型のまちづくりで多用されるワークショップが登場している。ワークショップは定期的・継続的に行われ、ファシリテーションにより住民の意見を引き出し、意識を変容し、施設との協働に高いエネルギーを与えている。まちづくりというフィールドの中で培われたワークショップのノウハウは、施設がフィールドでも十二分に機能していることがわかる。このことから、分野を超えた専門家とのつながりや、知見を学習することの重要性を指摘したい。

　また、事例の中には、講座や行事など各種プログラムがみられることから、企画立案力や会議進行術なども、業務遂行のうえで必要とされる。

### （3）防災・地域安全の観点からの住民協働の必要性

　近年、我が国では大きな災害が頻発しており、災害ソーシャルワークの重要性も高まっている。レビューからは、阪神・淡路大震災、東日本大震災の後、防災・地域安全の観点からの論文が発表されていることがわかる。災害時には、福祉避難所の役割を担う社会福祉施設も多い。その意味でも、平時から、自治会や周辺住民に呼びかけて、防災訓練など災害に備えた取り組みを設けていくことも大切な視点と考える。

### （4）住民との協働における課題

　課題を提起した１編からは、"地域貢献活動の困難さ"として「市町村との間に連携不足や認識の乖離があること、また、地域住民とのつながりの維持・強化への障壁として、施設職員の異動や退職等による不十分な引き継ぎ、さらには地域の課題発見の限界があり、その結果として地域貢献活動に支障をきたしていると認識されていることが示された」と指摘されている（神部2020）。行政への対応に苦慮していることや、施設職員による安定的・継続的な業務遂行の難しさ、地域ニーズといかに出合うのか、という問題が挙がっている。施設がコミュニティソーシャルワーク機能を展開することの示唆は早くからみられるものの、全体的には、社会福祉法改正による社会的要請があり、地域へのアプローチは始まったばかりという施設も多いのではないか。その機能を高めてい

くには施設内外に障壁があることは想像に易い。これからも、様々な課題に突き当たることが予測されるが、活動を抑制するのではなく、課題解決あるいは軽減していく手立てを検討する機会と捉えたい。

### （5）本研究の限界

本研究の限界は、文献に取り上げられた施設種別が、高齢者福祉施設と障害者福祉施設に偏在していた点である。「地域における公益的な取組」が義務化され、大きな潮流であるにもかかわらず、住民との協働に焦点化したレビューには児童福祉施設その他の施設は俎上に乗らなかった。今後、高齢・障害分野以外の施設でも実践が進み、研究も深化していくことが望まれる。

また住民との協働を行っている施設は社会福祉法人施設だけではない。企業やNPO法人など他法人でも地域展開は行われているはずである。本章では、社会福祉法人施設に限定したレビューを行ったが、他法人の実践との比較検討も今後の課題である。


## 6．結論

本研究では、施設と住民との協働の促進に直結すると思われる協働実践のあり方から示唆を得ることを目的に18編の文献から結果を分析し、考察を試みた。その結果、以下の点が明らかになった。

1）施設を利用する当事者も地域住民の一員であり、地域に潜む無理解、偏見、違和感を払拭し、施設コンフリクトが起きないよう、地域社会に溶け込む努力をしなくてはならない。そして、誰もが暮らしやすいインクルーシブな地域社会づくりをする必要がある。そのために、早かれ遅かれ、住民との接点を多く持つことは必要であり、可能であれば設立以前から住民協働で意見を出し合い建築できるとなおよい。

2）ボランティア受け入れは、住民との協働という際の実践の中核に位置して

いる。より良いボランティア受け入れのためには、ボランティアコーディ
　　ネーターの配置と良質なボランティアコーディネートが必要である。

３）多種多彩な住民との協働はもとより、NPO法人など地域の社会資源との連
　　携から生まれる実践もあるため、柔軟なネットワーキングが求められる。

４）住民との協働を展開させていくためには、ボランティアコーディネーショ
　　ン、コミュニティソーシャルワーク、ファシリテーションなどの高度な専
　　門性が必要である。そして、実際に推進するコーディネーターたる職員の
　　存在が欠かせない。

５）住民との協働のテーマの一つとして、地域安全・防災は非常に有効である。
　　このことは、文献検討の対象とした年代に影響されるかもしれず、その時々
　　の地域共通の関心事を住民協働のテーマに取り上げる有効性を示唆してい
　　る。


　　また、今後の課題として既に指摘もされている点もあるが、何より、これだ
けの業務を遂行できる人材確保にも困難さがあるのではないか。施設における
実践は、これからますます拡大していくと見込まれる。施設職員でありつつも、
住民とのコミュニケーションを取り結びながら、地域福祉推進のため地域志向
の実践を推進できる人材の配置は成功要因の一つであろう。あるいは、施設職
員とともに連携できる他分野の専門家との出会いを創出することも鍵かもしれ
ない。人材育成・人材確保のために必要な要因を明らかにすることも重要な課
題である。


【注】
1) 「福祉サービス第三者評価基準ガイドライン」においては、「Ⅱ-4 地域との交流、地域貢献」
　の項目の中の「Ⅱ-4-(1)　地域との関係が適切に確保されている」内に、「23　Ⅱ-4-(1)-①　利
　用者と地域との交流を広げるための取組を行っている」「24　Ⅱ-4-(1)-②　ボランティア等の
　受入れに対する基本姿勢を明確にし、体制を確立している」が示されている。
　　http://www.shakyo-hyouka.net/guideline/gl260401_1.pdf　（閲覧日2018-8-15）
2) 序章の注2）参照。

3）　序章の注4）参照。

4）　厚生労働省がこれからの地域社会のビジョンとして示す考え方。「地域共生社会」とは、社会構造の変化や人々の暮らしの変化を踏まえ、制度・分野ごとの『縦割り』や「支え手」「受け手」という関係を超えて、地域住民や地域の多様な主体が参画し、人と人、人と資源が世代や分野を超えつながることで、住民一人ひとりの暮らしと生きがい、地域をともに創っていく社会を目指すものとしている。

　　　https://www.mhlw.go.jp/stf/newpage_00506.html　（閲覧日2018-8-15）

5）　本来の意味は「作業場」「工房」であるが、参加者が討論・体験・作業などを行いながら、お互いの技能を伸ばす場、といったような意味で使われている。近年、住民参加型のまちづくりにおいては、自由に意見を出し合ったり、お互いの理解を深めたり、参加者の合意を得たりするために有効な技法として活用されている。

　　　https://www.city.kyoto.lg.jp/bunshi/page/0000082708.html　（閲覧日2018-8-15）

6）　野村（2012）は、2000～2010（平成12～22）年に精神障害者施設で起きたコンフリクトの有無を調査している。445施設への郵送調査の結果、回収247票、有効回答数247票、有効回収率55.5%であった。そのうち、施設・事業所開設への地域住民からの反対運動などがあった施設・事業所は26施設・事業所で全体の1割であった。

7）　ファシリテーション（facilitation）とは、人々の活動が容易にできるよう支援し、うまくことが運ぶよう舵取りすること。集団による問題解決、アイデア創造、教育、学習等、あらゆる知識創造活動を支援し促進していく働きを意味する。その役割を担う人がファシリテーター（facilitator）であり、会議でいえば進行役にあたる。

　　　https://www.faj.or.jp/facilitation/　（閲覧日2020-9-17）

**【引用・参考文献】**

足立啓、宮本浩行、赤木徹也、近藤隆二郎、日下正基、本多友常（2001）「社会福祉施設の立地における地域受容過程に関する研究―知的障害者施設の事例的研究を通して―」『日本建築学会計画系論文集540』：141-147頁

新崎国広（2002）「福祉教育における施設ボランティア・コーディネーションの役割と可能性」『日本福祉教育・ボランティア学習学会年報vol.7』：172-193頁

浜崎裕子、延藤安弘（2001）「高齢者施設の脱施設化計画への住民参画プロセスの研究」『日本建築学会計画系論文集66巻547号』：111-118頁

藤原慶二（2009）「地域社会と社会福祉施設のあり方に関する一考察―「施設の社会化」の展開と課題―」『関西福祉大学社会福祉学部研究紀要（12）』：27-35頁

石井祐理子（2013）「社会福祉施設における運営主体とボランティア受け入れに関する一考察」『京都光華女子大学研究紀要51』：39-50頁

柿沼倫弘（2014）「東日本大震災時における社会福祉施設等の要援護者支援体制構築に関する現状分析」『東北福祉大学研究紀要38』：93-103頁

金丸彰寿（2020）「青年・成人期以降の障害者における発達支援と地域支援―社会福祉法人よさのうみ福祉会の取り組みを踏まえて―」『神戸松蔭女子学院大学研究紀要（1）』：135-148頁

唐崎卓也、石井麻有子、岩崎寛（2016）「多様な人材の参加による園芸福祉活動の課題と可能性」『ランドスケープ研究79（5）』：665-670頁

京都市情報館「ワークショップって何？」https://www.city.kyoto.lg.jp/bunshi/page/0000082708.html/（閲覧日2020-9-17）

神部智司（2020）「介護老人福祉施設による地域貢献活動の意義と困難さに関する探索的検討―地域住民とのつながりに焦点を当てて―」『大阪大谷大学紀要54号』：173-181頁

黒木邦弘（2017）「認知症高齢者の新たな意味の了解過程に関する事例研究―地域住民と専門職と「協働」したソーシャルワーク実践を基盤とするフォーカス・グループ・インタビュー―」『熊本学園大学論集『総合科学』第22巻1号』：31-48頁

厚生労働省「『地域共生社会』の実現に向けてホームページ」https://www.mhlw.go.jp/stf/newpage_00506.html（閲覧日2020-9-7）

妻鹿ふみ子、石井祐理子、南多恵子、小野智明、岩本裕子（2020）「社会福祉施設の地域貢献としてのボランティア活動のあり方―先進事例の調査からの検討―」日本社会福祉学会第68回秋季大会要旨集

永田千鶴（2017）「認知症高齢者のエイジング・イン・プレイスを果たす地域密着型サービスでの看取りの実現」『山口医学 66(1)』：5-10頁

日本ファシリテーション協会「ファシリテーションとは？」https://www.faj.or.jp/facilitation/（閲覧日2020-9-17）

竹之下信子、長島緑（2018）「東日本大震災の千葉県香取・海匝地域の介護保険施設における災害対策の現状と課題」『千葉科学大学紀要（11）』：179-200頁。

立松麻衣子（2008）高齢者の役割作りとインタージェネレーションケアを行うための施設側の方策―高齢者と地域の相互関係の構築に関する研究―」『日本家政学会誌59巻 7号』：503-515頁

野村恭代（2012）「精神障害者施設における施設コンフリクトの実態」『社会福祉学53巻3号』：70-81頁

小笠原祐次、福島一雄、小國英夫（1999）『社会福祉施設』有斐閣

佐藤陽（2004）「福祉教育・ボランティア学習実践による地域づくりを構想する―子　ども・青年の学びの支援者と仕組みづくり―」『福祉教育・ボランティア学習研究年報vol. 9』：128–151頁

柴田謙治（2010）「キリスト教系高齢者福祉施設における文化活動と『つながり』の生成―旭ヶ岡の家（函館市・カトリック）の実践から学ぶ―」『金城学院大学キリスト教文化研究所紀要14』：61-78頁

関政幸、熊谷良雄（2001）「震災時における老人福祉施設と地域住民組織との連携に関する研究」『地域安全学会論文集3巻』：9-16頁

高木寛之（2010）「福祉施設におけるボランティア受け入れの方法に関する研究―ボランティア支

援を通じた地域福祉推進のあり方―」『人間関係学研究: 社会学社会心理学人間福祉学』:
　85-97頁
筒井のり子監修（1998）『施設ボランティアコーディネーター』大阪ボランティア協会
筒井のり子（2014）「長年活動してきたボランティアが認知症に―その実情と私たちへの課題―」
　『Volo』2014年 1 月号：4-11頁
山本浩史（2004）「福祉教育における学校と高齢者福祉施設の主体的・協働関係について」『日本
　福祉教育・ボランティア学習学会年報vol.9』：180-201頁
湯川智美監修（2016）『社会福祉法人の地域公益活動実践ガイドブック―PDCAでできる福祉ニー
　ズの多様化への対応―』第一法規
上原厳（2007）「住宅地の二次林再生と森林療法の融合の試み―神戸市の社会福祉施設の事例―」
　『森林応用研究 Applied Forest Science16』：101-107頁
全国社会福祉法人経営者協議会「社会福祉法人の取り組みホームページ」
　https://www.keieikyo.com/activity/index.html /　（閲覧日2020-9-7）
全国社会福祉協議会（2019）『地域共生社会の実現を主導する社会福祉法人の姿―地域における公
　益的な取組に関する委員会報告書―』
全国社会福祉協議会「福祉サービス第三者評価事業ホームページ」
　http://shakyo-hyouka.net/　（閲覧日2020-9-5）

◇第Ⅱ部◇

# 社会福祉施設と住民との協働を支える基盤の検討

# 第3章　住民協働を推進する社会福祉法人が抱える課題

## ―地域担当職員のインタビューデータからの検討―

　ここからの第3〜5章では、第1・2章で行ってきた概念整理及び文献検討で得た方法や知見を踏まえ、実際の地域活動に携わっている地域担当職員の経験から得られたインタビューデータをもとに、社会福祉法人の社会福祉施設（以下、施設）が実際に住民と協働して地域福祉活動を実践しようとした場合、課題として何が存在し、どのような基盤や職員の動きが必要なのか、どのように活動が生まれ、展開していくのか、その内実を紐解いていく。

　この第3章では、施設が住民協働を推進しようとする際に抱える課題に焦点を当てて、そこに潜む課題を顕在化するために分析、考察していく。続いて第4章では、施設が住民協働を推進しようとする際に必要な基盤には何か必要なのかを分析、考察する。第5章では、実際に地域課題と出合う、つまり地域アセスメントのためには、どのようなアプローチが必要とされるのかを分析、考察する。なお、この3つの章で使用するインタビューデータは、すべて表3－1（72頁参照）の対象施設から得たデータである。

## 1．研究の目的と背景

　住民と協働して地域福祉推進を展開しようという施設にとって、どのような課題があるのだろうか。もとより「職場は、解決しなければならない問題の集合体である」ともいわれるように、施設経営そのものが問題解決活動であると認識することができる。そのために、経営管理者は、職場の問題解決の推進者であり、責任者である。合理的で効果的な問題解決のセンスを身に付けておか

なければならない（宮田2020：105）。地域担当職員にとっても、自身の担当業務に潜む課題には何があるのかを知り、合理的で効果的に業務を進めるために、活動推進上の課題を把握しておくことは極めて重要である。

第2章で行った「社会福祉法人施設が取り組む地域福祉活動の文献検討―地域住民との協働を伴う実践に着目して―」では、施設と住民との協働の促進に直結する、以下の5点の示唆をまとめている（南2020：91-103）。

1）【施設利用者、施設への無理解、施設コンフリクトへの対策】

施設を利用する当事者も地域住民の一員であり、地域に潜む無理解、偏見、違和感を払拭し、施設コンフリクトが起きないよう、地域社会に溶け込む努力をしなくてはならない。そして、誰もが暮らしやすいインクルーシブな地域社会づくりをする必要がある。そのために、早かれ遅かれ、住民との接点を多く持つことは必要であり、可能であれば設立以前から住民協働で意見を出し合い建築できるとなおよい。

2）【ボランティア受け入れも中核。良質なボランティアコーディネーションが鍵】

ボランティア受け入れは、住民との協働という際の実践の中核に位置している。より良いボランティア受け入れのためには、ボランティアコーディネーターの配置と良質なボランティアコーディネートが必要である。

3）【多様な住民、多様なアクターとの連携、ネットワーキング】

多種多彩な住民との協働はもとより、NPO法人など地域の社会資源との連携から生まれる実践もあるため、柔軟なネットワーキングが求められる。

4）【ボランティアコーディネーション、コミュニティソーシャルワークなどの専門技術】

住民との協働を展開させていくためには、ボランティアコーディネーション、コミュニティソーシャルワーク、ファシリテーションなどの高度な専門性が必要である。そして、実際に推進するコーディネーターたる職員の存在が欠かせない。

５）【住民側の関心の高いテーマで協働する】

　　住民との協働のテーマの一つとして、地域安全・防災は非常に有効である（文献検索の期間を考えると、地域安全・防災は関心が高いテーマであった。住民のニーズを汲んだその時々のテーマで協働するとよい）。


　この背後を紐解くと、いつくかの課題が含まれていることがわかる。地域社会には利用者や社会福祉施設への無理解、偏見、違和感を抱く住民も存在しており、施設コンフリクトのリスクが潜んでいること、施設内のボランティアコーディネートの体制整備、福祉を超えた社会資源とのネットワーキングやファシリテーションなど協働のためのスキルを備えた地域担当職員の配置、地域安全・防災テーマとの意識を向ける必要性といった事柄が伺える。

　施設コンフリクトは施設の建設への地域住民からの反対運動を指す。高齢化が進み、高齢者問題に対する理解も高まっている現代社会においても、地域住民の高齢者福祉施設の整備に対する消極的な姿勢は相変わらず根強い。未だに建設にあたっては、地域住民から反対をされるなど、地域内との近隣とのコンフリクトが起こることも少なくない（崔ら2015：1037-1045）。ボランティア受け入れの意義にも、建設時に周辺の住民から建設反対の声があがったり、オープンしてからもボランティアへの不正確な知識・情報のため、住民からなかなか理解が得られず苦労しているところが少なくない中、施設と地域の人々を結び付ける存在であることが挙げられている（筒井ら1998：16）。

　また地域志向の活動を新たに生み出していくにあたり、住民、多機関との対応を円滑に行うための人材確保が課題として挙がるのは当然のことであろう。

　神部（2020：173-181）は、介護老人福祉施設の地域貢献活動を担当する7名の職員にインタビュー調査を行い、地域住民とのつながりに焦点を当てた地域貢献活動の意義と困難さに関する語りの部分をそれぞれ抽出し、分析した。そこから導き出された課題として「市町村との連携不足および認識の乖離」と「地域住民とのつながりの維持・強化への障壁」の２点を挙げる。１つ目は、官民一体となった地域福祉の推進が政策レベルで提唱されている中、市町村が施設

の地域貢献活動に対して協力的であること、そして施設との連携を強化していくことが喫緊の課題であること、そして、施設の役割や機能に対する市町村の過剰な期待や認識が、地域貢献活動への負担感を高めているという認識もみられたことから、市町村には、施設の役割と機能を正しく理解し、適切な内容や条件に基づいた協定を締結するとともに、施設がその役割や機能を遂行できるような支援が必要と指摘する。2つ目は、法人の経営・管理上の理由などで地域貢献活動の担当職員が交代した場合、前任者との間で十分な引き継ぎを行い、地域住民とのつながりを維持・強化していく必要と、地域の関係機関、インフォーマルな組織・団体等と有機的に連携しつつ、自ら有するケア機能を最大限に発揮しながら地域貢献活動により積極的に取り組むことが、地域の課題発見力を高めていくためにも重要であると指摘する。

　守本（2020：16-21）は、近年着目されている「地域共生社会」の担い手として期待されている高齢者の実践活動を進めるために、ボランティア活動が誘因となるという仮説を立て、質問紙調査を行っている。その結果から、社会福祉施設で活動するボランティアが地域活動にも活動範囲を拡大していくためには、ボランティアが施設で受け入れられ、安定して活動を継続することから生まれる自信が必要になると考えられる。したがって、受け入れ施設の支援としては、ボランティア受け入れの体制を整え、ボランティアコーディネーションの内容を充実させることが必要になる。また、そのうえで、地域活動への展開のためにも、コミュニティソーシャルワークの視点も求められると指摘している。

　これらはいずれも法人内の体制整備や地域担当職員のあり方、自治体も含めた地域との連携の必要性について言及しているものである。

　そして、防災をテーマとして住民協働を行う実践例が示唆に挙がっていた点からは、防災だけではなく、住民と施設双方ともに関心があり、共通して学ぶべきテーマを選び、協働実践のプログラムに反映させていくことが課題の一つと言えるだろう。

　呉（2018：29-40）によると、「地域住民との協働活動」については、「施設側が主催する行事や活動等に対する住民の参加は活発であるが、地域住民による

活動への施設側の関わりや協働による活動は比較的弱いことが伺えた。近年は社会福祉施設が比較的地域社会と地理的距離が近くなって来ており、施設の地域社会との関わりが増えつつある。なお、地域住民とのふれあいの段階を超えた、お互いの参画や協働による活動は次なる課題と言えよう」と指摘している。

　このように、先行研究からもいつくかの課題を垣間見ることはできるものの、実際に住民との協働を推進している社会福祉法人が抱える課題を質的分析によって明らかにした文献は見当たらない。第4章では、14か所の高齢者福祉施設、障害者福祉施設にて、地域福祉推進を担当する職員から得たインタビューデータから、住民と協働する社会福祉法人が抱える課題にはどのようなものがあるのかという点に着目し、探索的検討を行う。その内実を詳らかにしたうえで、施設による住民協働を発展させていくための視点を考察することを目的とする。

## 2．本研究の方法

### （1）KJ法の活用

　分析方法には、本研究の目的と照らし、質的データをまとめて、新しい知見を創造していく手法として適しているKJ法を採用した（サトウ2019：52）。KJ法は民族地理学者・川喜田二郎の創案した「混沌をして語らしめる」方法であり、収集した情報を創造的に発想し統合することにより混沌としたデータ群を統合化し、その本質をシンボリックに明らかにすることができる（川喜田1969、1970、1986）。本研究の目的は、地域担当職員のインタビューにおける多様な語りから、実際に課題と認識している事柄を明らかにすることであり、データ全体を細分化する分析姿勢や、既成の概念による分類や研究者の恣意的な解釈によるのでなく、対象者から取材したデータそのものに語らせるKJ法が適切であると判断し用いた。

## （2）調査の対象と方法

　社会福祉施設が地域住民と協働しながら、地域福祉に資する実践に取り組んでいる14の施設の地域担当職員に対し、対象施設内で半構造化インタビューを行った。施設はすべて社会福祉法人が運営するものである（表3－1）。立地における表記は、総務省「令和3年版地方財政白書」用語を用いている[1]。インタビュー時間は平均、約2時間であった。インタビュー項目は、①地域の基本情報について、②法人について、③地域貢献・地域交流事業のプロセス、④主担

表3－1　対象施設

| 調査年月 | 法人内の主な事業 | 立地 |
|---|---|---|
| 2019（令和元）年7月 | 地域密着型特別養護老人ホーム<br>デイサービスセンター　ほか | 政令指定都市 |
| 2019（令和元）年8月 | デイサービスセンター<br>小規模多機能型居宅介護　ほか | 政令指定都市 |
| 2019（令和元）年8月 | 特別養護老人ホーム<br>デイサービスセンター　ほか | 小都市<br>住宅地と農村との混合地域 |
| 2019（令和元）年9月 | 地域密着型特別養護老人ホーム　ほか | 政令指定都市の郊外<br>ニュータウン |
| 2019（令和元）年10月 | 特別養護老人ホーム<br>デイサービスセンター　ほか | 政令指定都市 |
| 2019（令和元）年10月 | 特別養護老人ホーム<br>デイサービスセンター　ほか | 政令指定都市 |
| 2019（令和元）年11月 | 特別養護老人ホーム<br>デイサービスセンター　ほか | 小都市<br>ニュータウン |
| 2019（令和元）年11月 | 障害者福祉サービス事業　ほか | 都市の郊外<br>住宅地と農村との混合地域 |
| 2020（令和2）年8月 | 特別養護老人ホーム<br>デイサービスセンター　ほか | 中都市の郊外<br>住宅地と農村との混合地域 |
| 2020（令和2）年12月 | 地域密着型特別養護老人ホーム<br>デイサービスセンター　ほか | 小都市の郊外<br>住宅地と農村との混合地域 |
| 2021（令和3）年1月 | 特別養護老人ホーム<br>デイサービスセンター　ほか | 都市の郊外<br>住宅地と農村との混合地域 |
| 2021（令和3）年1月 | 特別養護老人ホーム<br>デイサービスセンター　ほか | 政令指定都市 |
| 2021（令和3）年1月 | 特別養護老人ホーム<br>デイサービスセンター　ほか | 政令指定都市 |
| 2021（令和3）年2月 | ケアハウス<br>デイサービスセンター　ほか | 小都市の郊外<br>住宅地と農村との混合地域 |

当となる職員、⑤職員の育成、⑥住民との協働による取り組み、⑦住民との協働のプロセスの中で起きた"失敗"、⑧住民との協働の取り組みのメリット、⑨関係する社会資源、⑩地域ニーズの把握、⑪今後の展望とした。

### （3）調査期間

調査は、2019（令和元）年7月19日から2021（同3）年2月8日 にかけて実施した。

### （4）倫理的配慮

本研究のための調査は、東海大学「人を対象とする研究」に関する倫理委員会の承認（承認番号19118）（2019年7月～2020年3月）、京都光華女子大学研究倫理委員会の承認（承認番号103）（2020年7月～2022年3月）及び京都光華女子大学研究倫理委員会の承認（承認番号109）（2020年12月～2022年3月）を受けてインタビューを行った。

研究対象者の所属する法人理事長、施設長に対し、地域担当職員へのインタビューの承諾書を得たうえで、対象者本人にも調査目的・調査方法・自由意志と拒否権、ICレコーダーへの録音、データ管理の方法、プライバシーの保護について口頭と紙面で説明をし、同意書に署名を得た。

### （5）KJ法の実施手順

インタビューはICレコーダーに録音し、まず逐語録化した。その後逐語録から「住民協働を推進する社会福祉法人が抱える課題」に着目してラベルを作成した。大量のラベルは、多段ピックアップで精選したラベルを元に、狭義のKJ法を行った。KJ図に統合した後に、住民協働を推進する社会福祉法人が抱える課題の視点から考察した。

## ３．結果

　14事例から導き出されたラベルは全部で203枚あった。その後、多段ピックアップによって厳選したラベル（63枚）を元ラベルとして、狭義のKJ法を実施した。

　本文の島は図解におけるラベルの集合体を指し、【　】はシンボルマーク、「　」はラベル、〈　〉は第一段階表札、《　》は第二段階表札、《《　》》は第三段階表札を示す。

### （１）概要

　大きくは13の島に統合化することができ、その内実が明確になった（図３－１）。各島の関係性も含め、その概要を述べる。島は社会福祉法人内の５つの課題とそれ以外の８つの課題に大別できた。

　社会福祉法人内では、単に会場を貸すなど受け身な活動ではなく、【住民と施設の協働あってこそ】活発になると認識するも、一部の職員の働きだけでは実現できないという課題があった。そのためには【地域担当職員と現場職員の理解と協力関係】の構築、維持が欠かせないことがわかった。そして、実際に担当業務を行う【地域担当職員の専門性】の担保も課題である。担当職員が力を発揮するために、そして、その他の現場職員も地域を意識して協力関係のもと動けるようするためには、法人として人的体制を整備すべきだが、その妨げとなる経営・運営面の課題も多く挙がっている。地域活動に踏み出すための【ノウハウの不足】も課題の一つである。活動の原動力の一つとして【施設利用者の声】に耳を澄ますことが大切である。施設利用者も地域住民の一人として、地域で暮らしていた時と同様の暮らしを求めている。そのためにも、【法人の組織基盤の課題】の改善が望まれる。法人内には法人組織の基盤づくりから人材育成、担当職員のスキル獲得にまで及ぶ幅広い課題があり、住民との関係性の構築にも時間を要する。つまり、【成果は急に出ない】ものであるとの認識を求

めらる住民や関係者に知ってもらうかが課題として挙がっている。

　一方、施設外に位置する課題として、まず【社会福祉制度の変化】による影響にはネガティブな面もあり、矛盾を抱える現実に対する課題が認識されている。その制度下ではあるけれど、住民協働のうえで地域活動を勧めるためには、【地域福祉課題に対し、社会福祉法人に期待される役割】があると認識し、【地域住民との関係づくり】に取り組まねばならないが、地域性や関係づくりのポイントを押さえながら進む必要性がある。【住民側組織の不安定さ】という弱みもあるので、相互作用が起きる。また、地域活動を法人単体で行うのではなく、地域の【社会資源との協調・連携】を構築し、保ちながら進める専門性を有するのも課題の一つであるといえる。

## （2）分析結果

### 【住民と施設の協働あってこそ】

　〈《単なる会場貸しや一部の職員だけの取り組みでは、住民との協働を活発化することはできない。》〉の島からいえるのは、「いつくかの視察の結果、ただ部屋を貸すだけではなく一緒に活動を作ったり協働しているほうが、活動が活発になりやすいことがわかった。」「「箱」を作れば人が来るという発想は間違いで、職員が全員参加で地域のことを意識して運営することが大事。」というように、施設ぐるみで住民と一緒になって協働する姿勢や実際の動きがあってこそ実を結ぶのであって、職員が受け身な姿勢では成果が出せないということである。

### 【地域担当職員と現場職員の理解と協力関係】

　〈《地域担当職員と現場職員の協力関係をいかに構築し、維持するかが求められている。》〉の島からいえるのは、法人内職員間の理解と協力関係の重要さである。翻って、その関係づくりの中に多くの課題が潜むことを示唆している。

　まず《地域担当職員と現場職員との協力関係を築く難しさがある。》では、「地域担当と現場の役職者が一体となって推進していく体制がないと、現場職員

図3－1　住民協働を推進する社会福祉法人が抱える課題

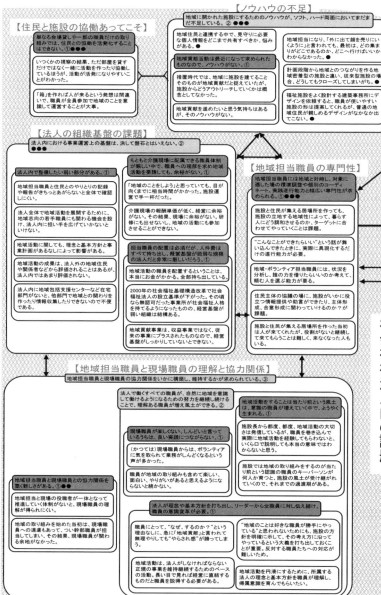

【ノウハウの不足】
地域に開かれた施設にするためのノウハウが、ソフト、ハード両面においてまだまだ不足している。② ●●●

【住民と施設の協働あってこそ】
単なる会場貸しや一部の職員だけの取り組みでは、住民との協働を活発化することはできない。① ●●●

いくつかの視察の結果、ただ部屋を貸すだけではなく一緒に活動を作ったり協働しているほうが、活動が活発になりやすいことがわかった。

「箱」を作れば人が来るという発想は間違いで、職員が全員参加で地域のことを意識して運営することが大事。

地域住民と連携する中で、見守りに必要な個人情報をどこまで共有すべきか、悩みがある。●

地域貢献活動は最近になって求められるものなので、ノウハウがない。①

措置時代では、地域に施設貢献そのものが地域貢献だと捉えていたが、施設からどうアウトリーチしていくかは概念としてなかった。

地域貢献を進めたいと思う気持ちはあるが、そのノウハウがない。

地域担当になり、「外に出て顔を売りにいくように」と言われても、最初は、どの集まりがどこであるのか、どこへ行けばいいかわからなかった。●

計画段階から地域とのつながりを作る地域密着型の施設と違い、従来型施設の場合、どうしても施設からクローズしてしまいがち。●

福祉施設をよく設計する建築事務所にデザインを依頼すると、職員が使いやすい施設の形は提案してくれるが、普通の地域住民が親しめるデザインがなかなか出てこない。●

【法人の組織基盤の課題】
法人内における事業運営上の基盤は、決して盤石とはいえない。② ●●●

法人内で整備したい弱い部分がある。①

地域担当職員と住民とのやりとりの記録や報告がきちっとあがらないと全体で確認しにくい。

法人全体で地域活動を展開するために、地域志向の若手職員にも関わる機会を設け、法人内に担い手を広げていかないといけない。

地域活動に関しては、理念と基本方針と事業計画があるによって影響がある。

地域活動の成果は、法人外の地域住民や関係者などから評価されることはあるが、法人内ではあまり評価されない。

法人内に地域包括支援センターなど在宅部門がないと、他部門で地域との関わりを作ったり情報収集したりできないので不便である。

もともと介護現場に配属できる職員体制が厳しい中で、職員への理解を求め地域活動を業務しても、余裕がない。

「地域のことをしよう」と思っていても、目が向くまでに担当時間がかかった。施設運営で手一杯だった。

介護現場の報酬単価が低く、経営に余裕がない。その結果、現場に余裕がない。研修にも出せないし、地域の活動にも参加させることができない。

担当職員の配置は必須だが、人件費はすべて持ち出し、経営基盤が脆弱な規模の法人だと非常に厳しいだろう。①

地域活動を配置するということは、本当にお金がかかる。全部持ち出している。

2000年の社会福祉基礎構造改革で社会福祉法人の設立基準が下がった。その대なら無認可だった事業所が社会福祉人法格を持てるようになったものの、経営基盤が弱い組織に結構ある。

地域貢献事業は、収益事業ではなく、従来の事業にプラスするものなので、経営基盤がしっかりしていないとできない。

【地域担当職員の専門性】
地域担当職員には地域と対峙し、対象に適した場の環境調整や個別のコーディネート、実践遂行能力と幅広い専門性が求められる。① ●●●

施設と住民が集える居場所を作っても、施設の立地する地域性によって、暮らす人にどう調和させるのか、ターゲットに合わせてやっていくことは課題。

「こんなことができたらいい」という話が舞い込んできたときに、実際に具現化するだけの遂行能力が要る。

地域・ボランティア担当職員には、状況を分析し、誰の力を借りたらいいのか考えて、頼む人を選ぶ能力がある。

住民主体の協働の場に、施設がいかに役立つ情報提供や助言ができたり、主体形成、合意形成に関わっていけるのか？が課題。

施設と住民が集える居場所を作った当初は人が来てくれたが、役割がないと継続して来てもらうことは難しく、来なくなった人もいる。

社会福祉法人内の課題

【地域担当職員と現場職員の理解と協力関係】
地域担当職員と現場職員の協力関係をいかに構築し、維持するかが求められている。③

法人で働くすべての職員が、自然に地域を意識して働けるようになるための努力を継続し続けることで、理解ある職員が増え風土ができる。②

地域活動をすることは当たり前という風土は、意識の職員が増えていく中で、ようやく生まれる。

現場職員が楽しくない、しんどいと言っているうちは、良い実践につながらない。

(かつては)現場職員からは、ボランティアに気を取られて業務がしんどくなるという声が多かった。

職員が地域の取り組みも含めて楽しい、面白い、やりがいがあると思えるようにならないと続かない。

施設長から都度、都度、地域活動の大切さは発信しているが、職員を巻き込んで実際に地域活動を経験してもらわないと、いくら口で説明しても本当の意味ではわからないと思う。

施設では地域の取り組みをするのが当たり前という認識の職員のキーパーソンが何人かいると、施設の風土が受け継がれていくので、それまでの過渡期がある。

地域担当職員と現場職員との協力関係を築く難しさがある。① ●●

地域担当と現場の役職者が一体となって推進していく体制がないと、現場職員の理解が得られにくい。

地域の取り組みを始めた当初は、現場職員への遠慮もあって、つい幹部職員が担当してしまい、その結果、現場職員が関わる余裕がなかった。

法人が理念や基本方針を打ち出し、リーダーから全職員に対し伝え続ける職員の意識改革が必要。①

職員にとって、"なぜ、するのか?"という理由なしに、急に「地域貢献」と言われて無理やりしても"やらされ感"が勝ってしまう。

地域活動は、法人がしなければならない正規の事業を維持継続するためのベースの活動。長い目で見れば経営に直結するものだと職員を説得する必要がある。

"地域のことは好きな職員が勝手にやっている"と思われないためにも、施設の方針を明確に示して、その考え方に沿ってやっているという大義を打ち出しておくことが重要。反対する職員たちへの対応が難しいため。

地域活動を円滑にするために、所属する法人理念と基本方針を職員が理解し、帰属意識を育んでもらいたい。

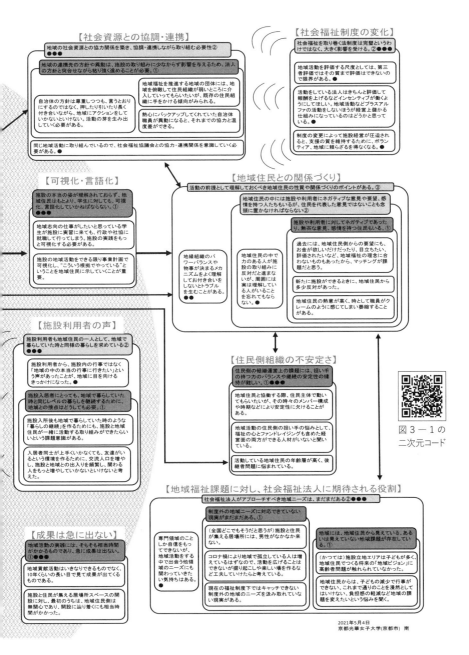

**【社会資源との協調・連携】**

地域の社会資源との協力関係を築き、協調・連携しながら取り組む必要性②●●●

地域の連携先の方針や異動は、施設の取り組みに少なからず影響を与えるため、法人の方針と突合せながら粘り強く進めることが重要。①

自治体の方針は尊重しつつも、言うとおりにするのではなく、押したり引いたり長く付き合いながら、地域にアクションをしていかないといけない。活動の芽を生み出していく必要がある。

地域福祉を推進する地域の団体には、地域を俯瞰して住民組織が弱いところに介入していってもらいたいが、既存の住民組織に手をかける傾向がみられる。

熱心にバックアップしてくれていた自治体職員が異動して、それまでの協力と温度差ができる。

同じ地域活動に取り組んでいるので、社会福祉協議会との協力・連携関係を意識していく必要がある。●

**【社会福祉制度の変化】**

社会福祉を取り巻く法制度は完璧というわけではなく、大きく影響も受ける。②●●●

地域活動を評価する尺度としては、第三者評価ではその質まで評価はできないので限界がある。

活動をしている法人はきちんと評価して報酬を上げるなどインセンティブが働くようにしてほしい。地域活動などプラスアルファの活動をしない方が経営上優れる仕組みになっているのはどうかと思っている。

制度の変更によって施設経営が圧迫されると、支援の質を維持するために、ボランティア、地域に頼らざるを得なくなる。

**【可視化・言語化】**

施設の本当の姿が継続されておらず、地域住民をもとより、学生に対しても、可視化・言語化していかねばならない。①

地域志向の仕事がしたいと思っている学生が施設に実習に来ても、行政や社協に就職して行ってしまう。施設の実践をもっと可視化する必要がある。

施設の地域活動をできる限り事業計画で可視化し、"こういう根拠でやっていた"ということを地域住民に示していくことが重要。

**【地域住民との関係づくり】**

活動の前提として理解しておくべき地域住民の性質や関係づくりのポイントがある。③

地域住民の中にはネガティブな意見や要望、感情を持つ人たちもいるが、住民を代表した意見ではないことも念頭に置かなければならない③●●●

地縁組織のパワーバランスや物事が決まるメカニズムをよく理解しておかないとトラブルを生むことがある。●●

地域住民の中で力のある人が施設の取り組みに反対だと言まないが、周囲には実は理解している人がいることを忘れてもならない。

施設や利用者に対してネガティブであったり、無茶な意見、感情を持つ住民もいる。①

過去には、地域住民側からの要望にも、お金が欲しいだけだったり、目立ちたい、評価されたいだけのものもあったから、地域福祉の理念に合わないものもあったから、マッチングが課題になっている。

新たに施設ができるときに、地域住民から多少は反対があった。

地域住民の熱量が高く、時として職員がクレームのように感じてしまい萎縮することがある。

**【施設利用者の声】**

施設利用者も地域住民の一人として、地域で暮らしていた時と同様の暮らしを求めている②

施設利用者から、施設内の行事ではなく「地域の中の本当の行事に行きたい」という声があったことが、地域に目を向けるきっかけになった。

施設入居者にとっても、地域で暮らしていた時と同じレベルの暮らしを継続するために、地域との接点はどうしても重要。①

施設入所後も地域で暮らしていた時のような「暮らしの継続」を作るためにも、施設と地域住民が一緒に活動する取り組みができたらいいという課題意識がある。

入居者同士が楽しくかよくても、友達がいるような環境を作るために、交流人口を増やし、地域と施設との出入りを頻繁に、関わる人をもっと増やしていかないといけないと考えた。

**【住民側組織の不安定さ】**

住民側の組織運営上の課題には、担い手の持つのバランスや継続の安定性の維持が難しい。①●●●

地域住民と協働する際、住民主体で動いてもらいたいが、その時々のメンバー構成や時期などにより安定性に欠けることがある。

地域活動の住民側の担い手の悩みとして、福祉の心とファンドレイジングも含めた経営面の両方ができる人材がいないと聞いている。

活動している地域住民の年齢層が高く、後継者問題に悩まれている。

図3-1の二次元コード

**【地域福祉課題に対し、社会福祉法人に期待される役割】**

社会福祉法人がアプローチすべき地域ニーズは、まだまだある②●●●

制度外の地域ニーズに対応できていない現実がまだまだある。①

専門領域のことしか自信をもってできないが、地域活動をする中で出会う他領域のニーズにも関わっていきたい気持ちもある。●

（全国どこでもそうだと思うが）施設と住民が集える居場所には、男性がなかなか来ない。

コロナ禍により地域で孤立している人は増えているはずなので、地域を広げることはできないが掘り起こしや集いの場を作るなど工夫していけたらと考えている。

現在の福祉制度下ではキャッチできない制度外の地域ニーズを汲み取れていない現実がある。

地域には、地域住民から見えている、あるいは見えていない地域課題が存在している。②

（かつては）施設立地エリアは子どもが多く、地域を代表する「地域ビジョン」に高齢者問題が触れられていなかった。

地域住民からは、子どもの減少で行事ができない、これまで通りのことを漫然としてはいけない、負担感の軽減など地域の課題を変えたいという悩みを聞く。

**【成果は急に出ない】**

地域活動の実践には、そもそも相当時間がかかるものであり、急に成果は出ない。●●●

地域貢献活動はいきなりできるものでなく、10年くらいの長い目で見て成果が出てくるものである。

施設と住民が集える居場所スペースの開設に対し、最初のうちは地域住民側は無関心であり、開設に辿り着くにも相当時間がかかった。

2021年5月4日
京都光華女子大学（京都市）南

の理解が得られにくい。」「地域の取り組みを始めた当初は、現場職員への遠慮もあって、つい幹部職員が担当してしまい、その結果、現場職員が関わる余地がなかった。」というように、役職者、地域担当、現場職員との理解と業務分担の模索をするうえでバランスをとる困難さが示されている。

　次に《法人で働くすべての職員が、自然に地域を意識して働けるようになるための努力を継続し続けることで、理解ある職員が増え風土ができる。》には多くの要素が含まれる。〈地域活動をすることは当たり前という風土という意識の職員が増えていく中で、ようやく生まれる。〉では、「施設長から都度、都度、地域活動の大切さは発信しているが、職員を巻き込んで実際に地域活動を経験してもらわないと、いくら口で説明しても本当の意味ではわからないと思う。」「施設では地域の取り組みをするのが当たり前という意識の職員のキーパーソンが何人か育つと、施設の風土が受け継がれていくので、それまでの過渡期がある。」というように、職員全体で取り組むに至るプロセスにはいつくかの課題があることが挙げられている。〈法人が理念や基本方針を打ち出し、リーダーから全職員に対し伝え続け、職員の意識変革が必要。〉では、「地域活動は、法人がしなければならない正規の事業を維持継続するためのベースの活動。長い目で見れば経営に直結するものだと職員を説得する必要がある。」「"地域のことは好きな職員が勝手にやっている"と思われないためにも、施設の方針を明確に示して、その考え方に沿ってやっているという大義を打ち出しておくことが重要。反対する職員たちへの対応が難しいため。」「職員にとって、"なぜ、するのか？"という理由なしに、急に「地域貢献」と言われて無理やりしても"やらされ感"が勝ってしまう。」「地域活動を円滑にするために、所属する法人の理念と基本方針を職員が理解し、帰属意識を育んでもらいたい。」というように、全職員の理解を得るために、方針や業務が増えることに対する納得できる説明など、法人内で整えるべき事柄が多数あるなどの課題が浮き彫りになっている。〈現場職員が楽しくない、しんどいと言っているうちは、良い実践につながらない。〉からは、「職員が地域の取り組みも含めて楽しい、面白い、やりがいがあると思えるようにならないと続かない。」「（かつては）現場職員からは、ボラン

ティアに気を取られて業務がしんどくなるという声が多かった。」というように、全職員の理解のうえで行われる実践でなければ、結局、良い実践ができないことが示唆された。


【地域担当職員の専門性】

〈《地域担当職員には地域と対峙し、対象に適した場の環境調整や個別のコーディネート、実践遂行能力と幅広い専門性が求められる。》〉の島からいえるのは、地域担当職員に期待したい役割に関する事柄である。担当業務を遂行するにあたり、課題となる留意点が挙がってきている。「"こんなことができたらいい"という話が舞い込んできたときに、実際に具現化するだけの遂行能力が必要。」「施設と住民が集える居場所を作っても、施設の立地する地域性によって、暮らす人にどう調和させるのか、ターゲットに合わせてやっていくことは課題。」「地域・ボランティア担当職員には、状況を分析し、誰の力を借りたらいいのか考えて、頼む人を選ぶ能力が要る。」「住民主体の協議の場に、施設がいかに役立つ情報提供や助言をしたり、主体形成、合意形成に関わっていけるのか？が課題。」「施設と住民が集える居場所を作った当初は人が来てくれたが、役割がないと継続して来てもらうことは難しく、来なくなった人もいる。」というように、施設内外において柔軟に働きかけやプログラムづくりができる能力が求められることがわかる。


【ノウハウの不足】

〈《地域に開かれた施設にするためのノウハウが、ソフト、ハード両面においてまだまだ不足している。》〉の島からいえるのは、「措置時代では、地域に施設を建てることそのものが地域貢献だと捉えていたが、施設からどうアウトリーチしていくかは概念としてなかった。」「地域貢献を進めたいと思う気持ちはあるが、そのノウハウがない。」という〈地域貢献活動は最近になって求められたものなので、ノウハウがない。〉ことが物語るように、他の各論においても、ノウハウの不足が目立つ。他にも、〈計画段階から地域とのつながりを作る地域

密着型の施設と違い、従来型施設の場合、どうしてもクローズしてしまいがち。〉〈地域担当になり、「外に出て顔を売りにいくように」と言われても、最初は、どの集まりがどこであるのか、どこへ行けばいいかわからなかった。〉〈福祉施設をよく設計する建築事務所にデザインを依頼すると、職員が使いやすい施設の形は提案してくれるが、普通の地域住民が親しめるデザインがなかなか出てこない。〉〈地域住民と連携する中で、見守りに必要な個人情報をどこまで共有すべきか、悩みがある。〉といった、地域担当職員の第1歩を踏み出そうにも戸惑う声や、住民目線のハード面を整えようにも業者探しから苦慮する声が示された。

【施設利用者の声】

〈《施設利用者も地域住民の一人として、地域で暮らしていた時と同様の暮らしを求めている》〉の島からいえるのは、法人に最も影響を及ぼすのはこのような施設利用者の声だということである。

まず〈施設利用者から、施設内の行事ではなく「地域の中の本当の行事に行きたい」という声があったことが、地域に目を向けるきっかけになった〉からは利用者のニーズに応えようとすることは、社会福祉法人の本来の役割であることがわかる。

さらに「施設入所後も地域で暮らしていた時のような「暮らしの継続」を作るためにも、施設と地域住民が一緒に活動する取り組みができたらいいという課題意識がある。」「入居者同士が上手くいかなくても、友達がいるという環境を作るために、交流人口を増やし、施設と地域との出入りを頻繁し、関わる人をもっと増やしていかないといけないと考えた。」からいえるように〈施設入居者にとっても、地域で暮らしていた時と同じレベルの暮らしを継続するために、地域との接点はどうしても必要。〉という職員が感じている切実な課題意識である。

【法人の組織基盤の課題】

〈《法人内における事業運営上の基盤は、決して盤石とはいえない。》〉の島は、文字通り、推進をするうえで組織の基盤に関わる複数の課題が横たわっていることを示唆している。

まず〈もともと介護現場に配属できる職員体制が厳しい中で、職員への理解を求め地域活動を要請しても、余裕がない。〉に含まれるのは、「介護現場の報酬単価が低く、経営に余裕がない。その結果、現場に余裕がない。研修にも出せないし、地域の活動にも参加させることができない。」「「地域のことをしよう」と思っていても、目が向くまでに相当時間がかかった。施設運営で手一杯だった。」であり、前提に、介護現場を運営するだけで手一杯な切実な声が聞こえる。

次に〈担当職員の配置は必須だが、人件費はすべて持ち出し、経営基盤が脆弱な規模の法人だと非常に厳しいだろう。〉では、「地域貢献事業は、収益事業ではなく、従来の事業にプラスされたものなので、経営基盤がしっかりしていないとできない。」「地域活動の職員を配置するということは、本当にお金がかかる。全部持ち出している。」「2000年の社会福祉基礎構造改革で社会福祉法人の設立基準が下がった。その頃なら無認可だった事業所が社会福祉人格を持てるようになったものの、経営基盤が弱い組織は結構ある。」というように、地域担当職員の配置の必要性は理解する一方、そこをカバーする収益がない中、いかに人材マネジメントをするかが問われる状況に置かれている。

さらに〈法人内で整備したい弱い部分がある。〉からは、「地域担当職員と住民とのやりとりの記録や報告がきちっとあがらないと全体で確認しにくい。」「法人全体で地域活動を展開するために、地域志向の若手職員にも関わる機会を設け、法人内に担い手を広げていかないといけない。」「法人内に地域包括支援センターなど在宅部門がないと、他部門で地域との関わりを作ったり情報収集したりできないので不便である。」「地域活動の成果は、法人外の地域住民や関係者などから評価されることはあるが、法人内ではあまり評価されない。」「地域活動に関しても、理念と基本方針と事業計画があるなしによって影響があ

る。」など、テーマは異なるものの、法人内でフォローすべきいくつかの事柄が挙がっている。


【成果は急に出ない】

〈《地域活動の実践には、そもそも相当時間がかかるものであり、急に成果は出ない。》〉の島からいえるのは、「地域貢献活動はいきなりできるものでなく、10年くらいの長い目で見て成果が出てくるものである。」「施設と住民が集える居場所スペースの開設に対し、最初のうちは、地域住民側は無関心であり、開設に辿り着くにも相当時間がかかった。」というように、地域担当職員の経験から、長期スパンで取り組む必要がある仕事であり、性急な成果は求められないということである。


【可視化・言語化】

〈《施設の本当の姿が理解されておらず、地域住民はもとより、学生に対しても、可視化、言語化していかねばならない。》〉の島からは、「施設の地域活動をできる限り事業計画で可視化し、"こういう根拠でやっている"ということを地域住民に示していくことが重要。」「地域志向の仕事がしたいと思っている学生が施設に実習に来ても、行政や社協に就職して行ってしまう。施設の実践をもっと可視化する必要がある。」というように、力を尽くして行っている業務を、いかに住民をはじめ対外的に関係のある関係者にも周知するのかという課題が挙げられている。


【社会福祉制度の変化】

〈《社会福祉を取り巻く法制度は完璧というわけではなく、大きく影響を受ける。》〉の島からは、〈活動をしている法人はきちんと評価して報酬を上げるなどインセンティブが働くようにしてほしい。地域活動などプラスアルファの活動をしないほうが経営上儲かる仕組みになっているのはどうかと思っている。〉〈地域活動を評価する尺度としては、第三者評価ではその質まで評価はできない

ので限界がある。〉〈制度の変更によって施設経営が圧迫されると、支援の質を維持するために、ボランティア、地域に頼らざるを得なくなる。〉というように、社会福祉法人の地域活動を支えるうえで、現行制度は完璧といえるものではなく、そのゆがみが活用に作用することを示している。


【地域福祉課題に対し、社会福祉法人に期待される役割】

〈《社会福祉法人がアプローチすべき地域ニーズは、まだまだある。》〉の島からいえるのは、地域担当職員の目に映る応え切れていないニーズ、地域にあると確信できる潜在的ニーズ、それは専門外のニーズかもしれないが関わっていきたいという気持ちである。

まず〈制度外の地域ニーズに対応できていない現実がまだまだある。〉では、「コロナ禍により地域で孤立している人は増えているはずなので、活動を広げることはできないが掘り起こしや楽しい場を作るなど工夫していけたらと考えている。」「（全国どこでもそうだと思うが）施設と住民が集える居場所には、男性がなかなか来ない。」「現在の福祉制度下ではキャッチできない制度外の地域のニーズを汲み取れていない現実がある。」という課題が示されている。

次に〈地域には、地域住民から見えている、あるいは見えていない地域課題が存在している。〉からは、「地域住民からは、子どもの減少で行事ができない、これまで通りのことを漫然としてはいけない、負担感の軽減など地域の課題を変えたいという悩みを聞く」「（かつては）施設立地エリアは子どもが多く、地域住民でつくる将来の「地域ビジョン」に高齢者問題が触れられていなかった。」という課題が示されている。

そして〈専門領域のことしか自信をもってできないが、地域活動をする中で出会う他領域のニーズにも関わっていきたい気持ちはある。〉というように、社会福祉法人の専門とする領域を超えた関りに対する気持ちが表れている。


【地域住民との関係づくり】

〈《活動の前提として理解しておくべき地域住民の性質や関係づくりのポイン

トがある。》の島から見えるのは、協働のパートナーである地域住民との間に顕れる課題である。

まず《地縁組織のパワーバランスや物事が決まるメカニズムをよく理解してお付き合いをしないとトラブルを生むことがある。》ことに留意したい。

次に《地域住民の中には施設や利用者にネガティブな意見や要望、感情を持つ人たちもいるが、住民を代表した意見ではないことも念頭に置かなければならない。》という点も意識する必要がある。「地域住民の熱意が高く、時として職員がクレームのように感じてしまい萎縮することがある。」「新たに施設ができるときに、地域住民から多少反対があった。」「過去には、地域住民側からの要望にも、お金が欲しいだけだったり、目立ちたい、評価されたいなど、地域福祉の理念に合わないものもあったから、マッチングが課題だと思う。」というように〈施設や利用者に対してネガティブであったり、無茶な意見、感情を持つ住民もいる。〉という現実に直面することもある。だが、〈地域住民の中で力のある人が施設の取り組みに反対だと進まないが、周囲には実は理解している人がいることを忘れてもならない。〉ことであり、関係づくりが難しい住民が住民すべての意見を代弁しているわけではない。


【住民側組織の不安定さ】

〈《住民側の組織運営上の課題には、担い手の持つ力のバランスや継続の安定性の維持が難しい。》〉の島からいえるのは、「地域活動の住民側の担い手の悩みとして、福祉の心とファンドレイジングも含めた経営面の両方ができる人材がいないと聞いている。」「活動している地域住民の年齢層が高く、後継者問題に悩まれている。」「地域住民と協働する際、住民主体で動いてもらいたいが、その時々のメンバー構成や時期などにより安定性に欠けることがある。」というような、住民側組織が抱える諸課題である。


【社会資源との協調・連携】

〈《地域の社会資源との協力関係を築き、協調・連携しながら取り組む必要

性》》の島からいえるのは、〈同じ地域活動に取り組んでいるので、社会福祉協議会との協力・連携関係を意識していく必要がある。〉ことと共に、「地域福祉を推進する地域の団体には、地域を俯瞰して住民組織が弱いところに介入していってもらいたいが、既存の住民組織に手をかける傾向がみられる。」「自治体の方針は尊重しつつも、言うとおりにするのではなく、押したり引いたり長く付き合いながら、地域にアクションをしていかないといけない。活動の芽を生み出していく必要がある。」「熱心にバックアップしてくれていた自治体職員が異動になると、それまでの協力と温度差ができる。」というように、〈地域の連携先の方針や異動は、施設の取り組みに少なからず影響を与えるため、法人の方針と突合せながら粘り強く進めることが必要。〉だということである。

## 4．考察と結論

　ここでは、本章の研究目的に照らし、分析結果から得られた、課題解決に活かすことができ、施設と住民との協働を促進するための5つの視点を考察する。

　第1に、施設職員の原動力ともいえる【施設利用者の声】を常に見つめ直すことが、地域活動においても同じく力になるという点である。「施設利用者から、施設内の行事ではなく「地域の中の本当の行事に行きたい」という声が、職員が地域に目を向けるきっかけになった。」というラベルがある。裏返せば、その言葉で気づきを得る前の職員の意識は、施設内の行事を提供すればそこでケアが完結していた可能性がある。利用者の気持ちに潜む"本当の行事に行きたい"ニーズに応えたいと職員がケアを工夫するその延長線上には地域があり、地域との接点が必要となる。施設利用後も地域での暮らしの継続を守るためにも、施設外との交友関係を創るためにも、施設と地域との関係は不可欠であるという職員の意識や職場の風土づくりが有効ではないだろうか。

　第2に、【法人の組織基盤の課題】【地域担当職員と現場職員の理解と協力関係】を重視し、決して盤石ではない法人内の現実を踏まえ、それぞれの法人なりの基盤整備を打ち出していくことが必要であろう。

【住民と施設の協働あってこそ】事業は活発になる。疲弊する【地域福祉課題に対し、社会福祉法人に期待される役割】もある。そのための担当職員の配置は必須であろう。本章でインタビューをしたすべての法人では、地域担当職員を配置していた。だが、課題として挙がっているのは現場職員に余裕がなく、人員を増やせる見通しが厳しい実情である。社会福祉法人の地域貢献活動の義務化が背景にある以上、収益事業にはなりえない。【社会福祉制度の変化】により、社会福祉法人は少なからず影響を受ける。荒牧（2021）の行った「2019年度（令和元年度）社会福祉法人の経営状況について」によると、赤字法人の割合は28.5%であり、事業規模が大きいほど経営は安定的といえると指摘する。中小規模の法人の場合、事業に係る予算の捻出は並大抵ではないと伺える。荒牧は、多くの中小規模の法人にあって、経営の安定を図りながらこれらのニーズへの対応を行うためには、他法人や地域の関係機関との連携という観点がますます重要になると思料される、と述べている。その意味では、現在運営の在り方が議論されている社会福祉連携推進法人[2]が、一つの有効な方策になり得る可能性がある。

　このような状況下ではあるが、社会福祉法人には地域における公益的な取り組みは責務であり、地域担当職員を配置し、現場職員との理解と協力関係が生み出せるような基盤整備こそ推進の要となる。理事長、施設長などリーダーから折に触れ発信していくのも大切なことだが、“実際に職員を巻き込んで地域活動を経験する場がなければ本当の意味では伝わらない”というラベルもある。「何故、この活動をするのか？」という理念や基本方針を定め、現場職員も納得できる根拠を示すこと、義務感だけで従事するのではなく、やりがいを感じられる仕組みが必要となる。このほかにも、地域活動を評価する仕組み、法人内に地域包括支援センターなど在宅部門との連携の仕組み、若手職員を地域活動に参画させる仕組み、記録や報告を共有する仕組み、そして地域や関係者に対し地域活動を【可視化・言語化】して発信する仕組みなどが必要である。時間をかけてでも、法人一丸となって取り組める基盤を整備していくことが、ひいては地域活動を活発化させる。

　第3に、【地域担当職員の専門性】を高めることが重要であるのは言うまでもない。〈《地域担当職員には地域と対峙し、対象に適した場の環境調整や個別のコーディネート、実践遂行能力という幅広い専門性が求められる》〉というラベルがある。施設職員の立場ではあるが、それはコミュニティソーシャルワーカーの働きを期待されているかのようである。ネットワーキングや個人情報の共有などのソーシャルワークのスキルをどう拡充していくか、そこが大きく問われている。全国社会福祉法人経営者協議会の「社会福祉法人アクションプラン2025-2021年度—2025年度中期行動計画—」においても、福祉人材に対する基本姿勢の中に、"「地域共生社会」の実現を見据え、事業所内に留まらない実践をしていくことのできる人材の育成について、取り組んでいるか"という実践のポイントが示されている。その意味として、地域の中で「狭間のニーズ」を把握し、総合的な見立てとコーディネートを行うことができるコミュニティソーシャルワーカーや、特定の分野に関する専門性のみならず福祉全般に一定の知見を有する人材の育成であるとされ、ソーシャルワーカー本来の役割の強化や活躍が、いっそう求められていくと記されている（全国社会福祉法人経営者協議会2021：59）。だが、専門性を高めるためには、現時点での【ノウハウの不足】が障壁となっている。今後、施設職員によるコミュニティソーシャルワーカーのあり方について探求を続け、ノウハウを蓄積していかなければならない。

　また、地域住民にとっても親しめるデザインを設計してくれる建築事務所を探すのが難しいという意見もあった。社会福祉分野に関係する企業にも、社会福祉法人が目指す施設像を共に検討していける連携が増えるよう望みたい。

　第4に、【社会資源との協調・連携】の強化も重要である。地域の多様な福祉ニーズを把握し、対応していくためには、多職種がつながり連携しながら取り組んでいくことが求められる。自治体や社会福祉協議会など幅広い社会資源とネットワークを構築し、それぞれの強みを活かした実践を生み出していく。このことは、【地域担当職員の専門性】の一つであるともいえる。

　最後に、協働のパートナーである【地域住民との関係づくり】をしっかり行うことは必要条件となる。そのためには、準備段階で地域特性や地域住民の性

質や関係づくりのポイントを掴むのがノウハウの一つである。《地縁組織のパワーバランスや物事が決まるメカニズムをよく理解してお付き合いをしないとトラブルを生むことがある》というラベルがある。第1章でも触れたが、施設への理解の不足が施設コンフリクトを生むリスクもある。実際に、「新たに施設ができるときに、地域住民から多少反対があった」というラベルもある。従って、地域活動を始めようという前に、地縁組織の情報に詳しい社会福祉協議会から助言を得るなど、対住民へのアプローチを検討してから臨むべきである。

その際【住民側組織の不安定さ】という特性があることも念頭に置いて関わらねばならないだろう。地域活動をする住民の高齢化やその時々のメンバー構成により住民活動には波があること、住民組織のリーダーシップやマネジメントができる担い手不足など、不安定な要素が指摘されている。そもそも、ボランティアの立場で地域活動に参画している以上、ボランティア活動が有する弱みもある。ボランティア活動は、金銭的な対価と交換できるものではなく、制度的な義務としてしばることはできない。また何らかの原因で活動意欲が落ちれば、活動水準も低下する（早瀬ら2000：11）。住民協働による地域福祉の推進を期待するあまり、いわばボランティアの立場で参画している住民に対し、単なるマンパワーとして扱ってしまう危険性もある（原田2010：33）。専門職側には、住民側にある不安定な要素を補い、強みを発揮していけるようなサポートが必要だと心得ておく必要があるだろう。


## 5．本研究の限界

本研究の目的は、住民と協働する社会福祉法人が抱える課題を探索的検討によって明らかにし、施設による住民協働を発展させていくための視点について考察することである。14施設の地域担当職員の語りからKJ法を用いて分析した結果、13の島に統合化することができ、5つの視点の考察に至った。今後は、見出された視点ごとにさらに深め、それぞれのテーマにおいて課題解決につながる研究を継続させていかなければならない。また高齢者、障害者領域以外の

施設にも協力を仰ぎ、今回の結果の検証・検討を行うことが課題である。

### 【注】

1)　政令指定都市とは、地方自治法（昭和22年法律第67号）第252条の19第１項の指定を受けた人口50万人以上の市を、中都市とは、都市のうち人口10万以上の市をいい、小都市とは、人口10万未満の市をいう。特別区とは地方自治法第281条第１項の規定による、東京都の区のことである。

　　https://www.soumu.go.jp/menu_seisaku/hakusyo/chihou/r03data/2021data/yougo.html　（閲覧日2021-12-18)

2)　地域共生社会の実現のための社会福祉法等の一部を改正する法律が2020（令和２）年６月12日に公布され、これにより、社会福祉連携推進法人に関する事項が新設された。現在、施行に向けて運営の在り方が議論されている。社会福祉連携推進法人の施行は改正法の公布日から２年以内とされている。

### 【引用・参考文献】

荒牧登史治（2021）「2019 年度（令和元年度）社会福祉法人の経営状況について」『福祉医療機構 Research Report210222_No010』独立行政法人福祉医療機構経営サポートセンターリサーチグループ

　　https://www.wam.go.jp/hp/wp-content/uploads/210222_No010.pdf/　（閲覧日2021-5-22)

川喜田二郎（1969）『発想法―創造性開発のために―』中央公論社

川喜田二郎（1970）『続・発想法―KJ法の展開と応用―』中央公論社

川喜田二郎（1986）『ＫＪ法―混沌をして語らしめる―』中央公論社

神部智司（2020）「介護老人福祉施設による地域貢献活動の意義と困難さに関する探索的検討―地域住民とのつながりに焦点を当てて―」『大阪大谷大学紀要』54：173-181頁

呉世雄（2018）「社会福祉法人施設の地域貢献活動の実施状況に関する研究―地域貢献活動尺度の因子構造とその特徴を基に―」『日本の地域福祉』31：29-40頁

早瀬昇・妻鹿ふみ子（2000）『自治体・公共施設のためのボランティア協働マニュアル』大阪ボランティア協会：11頁

原田正樹（2010）「ボランティアと現代社会」柴田謙治・原田正樹・名賀亨編『ボランティア論―「広がり」から「深まり」へ―』みらい：33頁

南多恵子（2020）「社会福祉法人施設が取り組む地域福祉活動の文献検討―地域住民との協働を伴う実践に着目して―」『京都光華女子大学京都光華女子短期大学研究紀要』58：91－103頁

宮田裕司（2020）『社会福祉施設経営管理論2020』全国社会福祉協議会：：105頁

守本友美（2020）「社会福祉施設における高齢者ボランティア受け入れの現状と課題―地域活動への展開を目指して―」『厚生の指標』67(15)：16-21頁

崔熙元、大原一興、藤岡泰寛（2015）「地域資源としての高齢者居住施設に対する意識構造と立地環境との関連性に関する研究（その1）―施設に対する意識と地域愛着の関係に着目して―」

『日本建築学会計画系論文集』80(711)：1037-1045頁

総務省（2021）『令和 3 年版地方財政白書』https://www.soumu.go.jp/menu_seisaku/hakusyo/chihou/r03data/2021data/yougo.html　（閲覧日2021-12-18）

サトウタツヤ、春日秀朗、神崎真実編（2019）『質的研究法マッピング―特徴をつかみ、活用するために―』新曜社：52頁

筒井監修、東牧、新崎、笹部（1998）『施設ボランティアコーディネーター』大阪ボランティア協会：16頁

全国社会福祉法人経営者協議会（2021）『社会福祉法人アクションプラン2025-2021年度―2025年度中期行動計画―』：59頁

# 第4章　社会福祉施設との住民協働を推進するための必要条件

## ─社会福祉法人内外に求められる基盤の探索的検討─

## １．住民と協働するための基盤整備の必要性

　近年、社会福祉法人（以下、法人）による社会福祉施設（以下、施設）が住民と深く関わりを持ち、地域福祉に資する取り組みをすることが期待されている。その背景には、2016（平成28）年の社会福祉法改正で「地域における公益的な取組」（以下、公益的取組）が義務として位置付けられ[1]、法人自らの強みを活かした地域福祉の推進を模索したことや、地域共生社会の実現に向けた地域からの期待も影響している（浦野ら2017：28-37）。

　施設が住民と協働した地域福祉推進を展開しようとするときに、法人にはどのような基盤が必要なのだろうか。第3章で【法人の組織基盤の課題】が課題の一つとして顕在化している。第4章では、特にそこに焦点を当てて考えたい。

　公益的取組は、法人に対して画一的かつ特定の取り組みの実施を促すものではなく、法人が保有する資産や職員の状況、地域ニーズの内容、地域における他の社会資源の有無などを踏まえつつ、その自主性、創意工夫に基づき取り組むべきものであり、当該取り組みの実施を通じて、地域に対し、法人が自らその存在価値を明らかにしていくことが重要とされる（千葉県社会福祉協議会2019：2）。以前から展開している社会福祉事業に加え、地域社会と連携しながら有意な活動を実践することが求められているのである。

　協働のパートナーとなる地域住民との出会いの場や協働のプログラムを生み出すことができ、協働実践ができるようにするためには、そこへ辿り着けるだ

けの、法人内外の基盤が整えられていなければならないことは想像に易い。例えば施設ボランティアは、住民協働の実践の一つとして位置付けることができ、施設内に外部から人を受け入れ、協働していこうという活動である。その施設ボランティアの受け入れの状況を確認してみても、職員にとってみれば異質な存在であるボランティアを自施設に受け入れ、協働するために、それ相応の基盤を要することがわかる。

筒井監修の『施設ボランティアコーディネーター』(1998) によると、ボランティア受け入れの前にすべきこと（ボランティア理解、職場でのコンセンサスを得る、ボランティアプログラムをつくる）、ボランティア受け入れの手続き（ボランティア募集、オリエンテーション、トレーニング、面接と配置、活動開始）、活動開始直後の手続き（ボランティアを迎える、初日の感想を聞く、記録の確認、反省会の実施、トラブル対応）、活動経過後の手続き（活動の評価、活動の改善）、活動終了時の手続き（感謝の意を示す、ボランティアへのフォローアップ）の5段階のプロセスがあり、活動の準備段階から様々な基盤を整えてなければならないことが示されている（同1998：32-33）。

また全国社会福祉協議会全国ボランティア活動振興センターがまとめた『福祉・介護関連施設におけるボランティア受け入れマニュアル』(2003)によると、ボランティア受け入れの基盤整備として、①ボランティアへの基本的な考え方を整備する（受け入れ方針の確立、職員への共通認識）、②受け入れシステムと連携体制（受け入れ窓口の設置、コーディネーター（機能）の配置）、③ボランティアと職員の対等で良好な関係構築とその維持、④利用者を守る意識と方法、⑤ボランティアの育成機能の5点が示されている（同2003：8-9）。

神奈川県社会福祉協議会かながわボランティアセンター施設ボランティアコーディネーション活動指針検討委員会がとりまとめた『社会福祉施設のボランティアコーディネーション指針―はじめの一歩！―』(2006)では、ボランティアマネジメントになくてはならない3つの要素があるとし、①組織の環境整備（担当者の配置、経営者の理解、スタッフとの合意作り、ボランティアルームの設置などボランティアの居場所づくり、ユニフォームや名札準備など）、②ボラ

ンティアという人のマネジメント（ボランティア募集、オリエンテーション、面接、配置、研修、フォローアップなど）、③ボランティアが活動する場のマネジメント（ボランティアプログラム・協働事業の創出など）を整備する必要性を提示している（同2006：16-18）。

　これら施設ボランティア受け入れに関する知見からは、方針の明確化、職員間の合意形成、担当者の配置、ボランティア募集、ボランティアへの対応（オリエンテーション、面接、配置、研修、育成、フォローアップ）、活動の場づくり、利用者の擁護、謝意を示す、活動の評価などの実践するために必要な基盤を見出すことができる。ここからは、専門職集団である職員の間に立ち混じり、ボランティアの自発性を削がないよう、そして強みや持ち味を活かした活動が施設内で展開されるよう、受け入れ方針の確立からフォローアップに至るまで、一貫したマネジメントプロセスが整理されていることが伺える。

　本研究では、施設内で活動するボランティアに関する実践のみを対象とはしていない。従来の自施設の利用者のためのボランティア受け入れという考え方を超えて、広く地域課題に対し、担い手となる住民と施設が協働で地域福祉の推進にあたるという意味での協働をテーマとしている。

　協働とは、"異なるセクターや組織が、共通の目的を実現するために、信頼関係のもと、対等な立場で、役割を持ち合いながら協力すること"である（石井2020：138）。また、日本NPOセンター（2021）は"協働とは、「異種・異質の組織」が、「共通の社会的な目的」を果たすために、「それぞれのリソース（資源や特性）」を持ち寄り、「対等の立場」で「協力して共に働く」こと"と定義付けている。本章における住民協働に置換するならば、施設と住民が地域福祉の推進に向けて、信頼関係のもと、対等な立場で、それぞれの強み、特性を活かし、役割を持ち合いながら協力することといえるのではないだろうか。その際には、施設内部だけの基盤では留まらない推進するための要素があるのではないだろうか。そこで本章では、法人内外に求められる基盤について探索的に検討してみたい。そして住民協働を推進する施設にとって必要な条件とは何か考察し、明らかにしていきたい。

## ２．本研究の方法

### （１）KJ法の活用

　分析方法には、本研究の目的と照らし、質的データをまとめて、新しい知見を創造していく手法として適しているKJ法（川喜田1969、1970、1986）を採用した（サトウほか2019：52）。KJ法は民族地理学者・川喜田二郎の創案した「混沌をして語らしめる」方法であり、収集した情報を創造的に発想し統合することにより混沌としたデータ群を統合化し、その本質をシンボリックに明らかにすることができる。本研究の目的は、地域担当職員のインタビューにおける多様な語りから、実際に課題と認識している事柄を明らかにすることであり、データ全体を細分化する分析姿勢や、既成の概念による分類や研究者の恣意的な解釈によるのでなく、対象者から取材したデータそのものに語らせるKJ法が適切であると判断し、用いた。

### （２）調査の対象と方法

　調査対象は、第３章と同じであり、社会福祉施設が地域住民と協働しながら、地域福祉に資する実践に取り組んでいる14の施設の地域担当職員である。施設はすべて社会福祉法人が運営するものである（表３－１参照〔72頁〕）。対象施設内で半構造化インタビューを行った。インタビュー時間は平均約2時間であった。インタビュー項目は、①地域の基本情報について、②法人について、③地域貢献・地域交流事業のプロセス、④主担当となる職員、⑤職員の育成、⑥住民との協働による取り組み、⑦住民との協働のプロセスの中で起きた“失敗”、⑧住民との協働の取り組みのメリット、⑨関係する社会資源、⑩地域ニーズの把握、⑪今後の展望とした。

## （3）調査期間

　調査は、2019（令和元）年 7 月19日から2021（同 3 ）年 2 月 8 日 にかけて実施した。

## （4）倫理的配慮

　本研究のための調査は、東海大学「人を対象とする研究」に関する倫理委員会の承認（承認番号19118）（2019年7月～2020年3月）、京都光華女子大学研究倫理委員会の承認（承認番号103）（2020年7月～2022年3月）および京都光華女子大学研究倫理委員会の承認（承認番号109）（2020年12月～2022年3月）、を受けてインタビューを行った。

　研究対象者の所属する法人理事長、施設長に対し、地域担当職員へのインタビューの承諾書を得たうえで、対象者本人にも調査目的・調査方法・自由意志と拒否権、IC レコーダーへの録音、データ管理の方法、プライバシーの保護について口頭と紙面で説明をし、同意書に署名を得た。

## （5）KJ 法の実施手順

　インタビューは IC レコーダーに録音し、まず逐語録化した。その後逐語録から「住民協働を推進する社会福祉法人が必要な基盤」に着目してラベルを作成した。大量のラベルは、多段ピックアップで精選したラベルを元に、狭義の KJ 法を行った。KJ 図に統合した後に、法人内外に必要な基盤を基づき、住民協働を推進する必要条件の視点から考察した。

## 3．結果

　14事例から導き出されたラベルは全部で203枚あった。その後、多段ピックアップによって厳選したラベル（63枚）を元ラベルとして、狭義の K J 法を実施した（図 4 － 1 ）。その結果、12の島に統合することができた。

図4－1　住民協働を推進するために社会福祉法人内外に求められる基盤

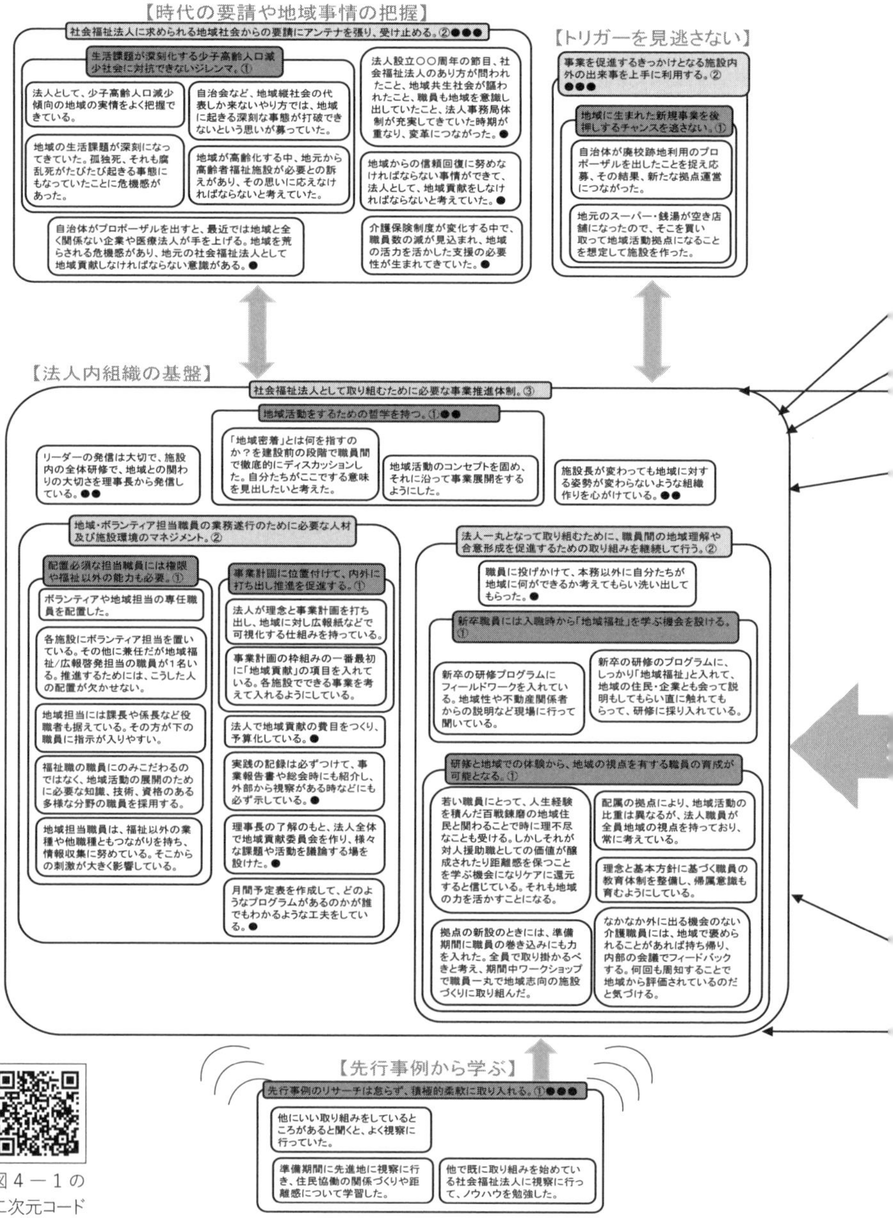
【時代の要請や地域事情の把握】
社会福祉法人に求められる地域社会からの要請にアンテナを張り、受け止める。②●●●
生活課題が深刻化する少子高齢人口減少社会に対抗できないジレンマ。①
法人として、少子高齢人口減少傾向の地域の実情をよく把握できている。
自治会など、地域縦社会の代表しか来ないやり方では、地域に起きる深刻な事態が打破できないという思いが募っていた。
地域の生活課題が深刻になってきていた。孤独死、それも腐乱死がたびたび起きる事態にもなっていたことに危機感があった。
地域が高齢化する中、地元から高齢者福祉施設が必要との訴えがあり、その思いに応えなければならないと考えていた。
法人設立○○周年の節目、社会福祉法人のあり方が問われたこと、地域共生社会が謳われたこと、職員も地域を意識し出していたこと、法人事務局体制が充実してきていた時期が重なり、変革につながった。●
地域からの信頼回復に努めなければならない事情ができて、法人として、地域貢献をしなければならないと考えていた。●
自治体がプロポーザルを出すと、最近では地域と全く関係ない企業や医療法人が手を上げる。地域を荒らされる危機感があり、地元の社会福祉法人として地域貢献しなければならない意識がある。●
介護保険制度が変化する中で、職員数の減が見込まれ、地域の活力を活かした支援の必要性が生まれてきていた。●
【トリガーを見逃さない】
事業を促進するきっかけとなる施設内外の出来事を上手に利用する。②●●●
地域に生まれた新規事業を後押しするチャンスを逃さない。①
自治体が廃校跡地利用のプロポーザルを出したことを捉え応募、その結果、新たな拠点運営につながった。
地元のスーパー・銭湯が空き店舗になったので、そこを買い取って地域活動拠点になることを想定して施設を作った。
【法人内組織の基盤】
社会福祉法人として取り組むために必要な事業推進体制。③
地域活動をするための哲学を持つ。①●●
リーダーの発信は大切で、施設内の全体研修で、地域との関わりの大切さを理事長から発信している。●●
「地域密着」とは何を指すのか？を建設前の段階で職員間で徹底的にディスカッションした。自分たちがここでする意味を見出したいと考えた。
地域活動のコンセプトを固め、それに沿って事業展開をするようにした。
施設長が変わっても地域に対する姿勢が変わらないような組織作りを心がけている。●●
地域・ボランティア担当職員の業務遂行のために必要な人材及び施設環境のマネジメント。②
配置必須な担当職員には権限や福祉以外の能力も必要。①
ボランティアや地域担当の専任職員を配置した。
各施設にボランティア担当を置いている。その他に兼任だが地域福祉/広報啓発担当の職員が1名いる。推進するためには、こうした人の配置が欠かせない。
地域担当には課長や係長など役職者も据えている。その方が下の職員に指示が入りやすい。
福祉職の職員にのみこだわるのではなく、地域活動の展開のために必要な知識、技術、資格のある多様な分野の職員を採用する。
地域担当職員は、福祉以外の業種や他職種ともつながりを持ち、情報収集に努めている。そこからの刺激が大きく影響している。
事業計画に位置付けて、内外に打ち出し推進を促進する。①
法人が理念と事業計画を打ち出し、地域に対し広報紙などで可視化する仕組みを持っている。
事業計画の枠組みの一番最初に「地域貢献」の項目を入れている。各施設でできる事業を考えて入れるようにしている。
法人で地域貢献の費目をつくり、予算化している。●
実践の記録は必ずつけて、事業報告書や総会時にも紹介し、外部から視察がある時などにも必ず示している。●
理事長の了解のもと、法人全体で地域貢献委員会を作り、様々な課題や活動を議論する場を設けた。●
月間予定表を作成して、どのようなプログラムがあるのかが誰でもわかるような工夫をしている。●
法人一丸となって取り組むために、職員間の地域理解や合意形成を促進するための取り組みを継続して行う。②
職員に投げかけて、本務以外に自分たちが地域に何ができるか考えてもらい洗い出してもらった。●
新卒職員には入職時から「地域福祉」を学ぶ機会を設ける。①
新卒の研修プログラムにフィールドワークを入れている。地域性や不動産関係者からの説明など現場に行って聞いている。
新卒の研修のプログラムに、しっかり「地域福祉」と入れて、地域の住民・企業とも会って説明もしてもらい直に触れてもらって、研修に採り入れている。
研修と地域での体験から、地域の視点を有する職員の育成が可能となる。①
若い職員にとって、人生経験を積んだ百戦錬磨の地域住民と関わることで時に理不尽なことも受ける。しかしそれが対人援助職としての価値が醸成されたり距離感を保つことを学ぶ機会になりケアに還元すると信じている。それも地域の力を活かすことになる。
配属の拠点により、地域活動の比重は異なるが、法人職員が全員地域の視点を持っており、常に考えている。
理念と基本方針に基づく職員の教育体制を整備し、帰属意識も育むようにしている。
拠点の新設のときには、準備期間に職員の巻き込みにも力を入れた。全員で取り掛かるべきと考え、期間中ワークショップで職員一丸で地域志向の施設づくりに取り組んだ。
なかなか外に出る機会のない介護職員には、地域で褒められることがあれば持ち帰り、内部の会議でフィードバックする。何回も周知することで地域から評価されているのだと気づける。
【先行事例から学ぶ】
先行事例のリサーチは怠らず、積極的柔軟に取り入れる。①●●●
他にいい取り組みをしているところがあると聞くと、よく視察に行っていた。
準備期間に先進地に視察に行き、住民協働の関係づくりや距離感について学習した。
他で既に取り組みを始めている社会福祉法人に視察に行って、ノウハウを勉強した。

図４－１の
二次元コード

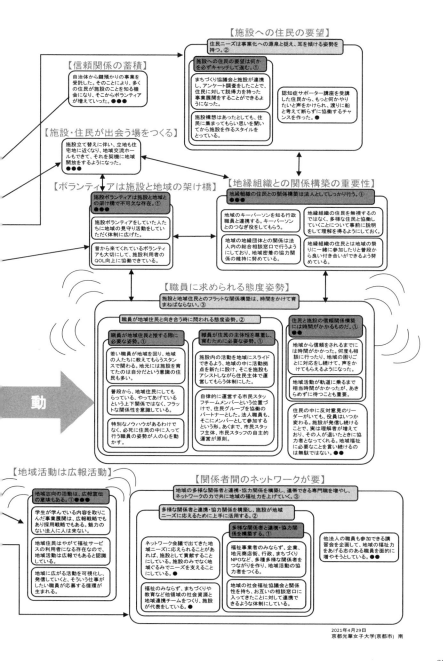

2021年4月29日
京都光華女子大学(京都市)　南

本文の島は図解におけるラベルの集合体を指し、【 】はシンボルマーク、「 」はラベル、〈 〉は第一段階表札、《 》は第二段階表札、《《 》》は第三段階表札を示す。

## （1）概要

　【時代の要請や地域事情の把握】が強く求められている中、自治体からの委託事業の募集などの【トリガーを見逃さない】姿勢も必要となる。推進に大きな影響を持つのは【法人内組織の基盤】の整備であり、そのために【先行事例から学ぶ】こと、福祉ニーズに応えてきた【信頼関係の蓄積】があるとスムーズである。地域の側と連動あってこそ活動は生まれる。【ボランティアは施設と地域の架け橋】であり、さらに【職員に求められる態度姿勢】が最大の連結器である。【地縁組織との関係構築の重要性】を認識し、【施設への住民の要望】から協働実践に活かすこと、【施設・住民が出会う場をつくる】ことで日常的なつながりを確保することも重要である。地域の福祉ニーズに応えるには【関係者間のネットワークが要】である。このような【地域活動は広報活動】であるともいえる。

　以下、各島の詳細について述べる。

## （2）分析結果

【時代の要請や地域事情の把握】

　〈《社会福祉法人に求められる地域社会からの要請にアンテナを張り、受け止める。》〉の島からいえるのは、「法人として、少子高齢人口減少傾向の地域の実情をよく把握できている。」「地域からの信頼回復に努めなければならない事情ができて、法人として、地域貢献をしなければならないと考えていた。」「自治会など、地域縦社会の代表しか来ないやり方では、地域に起きる深刻な事態が打破できないという思いが募っていた。」「地域の生活課題が深刻になってきていた。孤独死、それも腐乱死がたびたび起きる事態にもなっていたことに危機感があった。」というような現実を法人が認識し、〈生活課題が深刻化する少子

高齢人口減少社会に対抗できないジレンマ。〉を有していることがまず挙げられる。また、地域と法人の間に生じる潜在的な要請、例えば〈法人設立○○周年の節目、社会福祉法人のあり方が問われたこと、地域共生社会が謳われたこと、職員も地域を意識し出していたこと、法人事務局体制が充実してきていた時期が重なり、変革につながった。〉〈地域が高齢化する中、地元から高齢者福祉施設が必要との訴えがあり、その思いに応えなければならないと考えていた。〉〈介護保険制度が変化する中で、職員数の減が見込まれ、地域の活力を活かした支援の必要性が生まれてきていた。〉〈自治体がプロポーザルを出すと、最近では地域と全く関係ない企業や医療法人が手を上げる。地域を荒らされる危機感があり、地元の社会福祉法人として地域貢献しなければならない意識がある。〉という様々な地域情勢も判断材料となるため、幅広く地域社会からの要請にアンテナを張り、受け止める必要があることも示された。


【トリガーを見逃さない】

〈《事業を促進するきっかけとなる施設内外の出来事を上手に利用する。》〉の島からいえるのは、「地元のスーパー・銭湯が空き店舗になったので、そこを買い取って地域活動拠点になることを想定して施設を作った。」「自治体が廃校跡地利用のプロポーザルを出したことを捉え応募、その結果、新たな拠点運営につながった。」というように〈地域に生まれた新規事業を後押しするチャンスを逃さない。〉ようにして、新たな事業を後押しするトリガーとして活用することである。


【信頼関係の蓄積】

〈《自治体から鍵預かりの事業を受託した。そのことにより、多くの住民が施設のことを知る機会になり、そこからボランティアが増えていった。》〉の島からいえるのは、自治体から法人が受ける委託事業を誠実に担うことによって、結果として住民から法人への信頼が寄せられる成果が生まれるということである。

【施設・住民が出会う場をつくる】

〈《施設立て替えに伴い、立地も住宅地に近くなり、地域交流ホールもできて、それを契機に地域開放をするようになった。》〉の島からいえるのは、施設立て替えや新設のタイミングは場の確保という意味では好機であるが、そうでなくとも、施設（職員・利用者）と住民が出会う場づくりが必要であるという点である。

【施設への住民の要望】

〈《住民ニーズは事業化への源泉と捉え、耳を傾ける姿勢を持つ。》〉の島からは、〈認知症サポーター講座を受講した住民から、もっと何かやりたいと声をかけられ、渡りに船と考えて断らずに協働するチャンスを作った。〉ことや、「施設構想はあったとしても、住民に集まってもらい思いを聞いてから施設を作るスタイルをとっている。」「まちづくり協議会と施設が連携し、アンケート調査をしたことで、住民に対して説得力を持った事業展開をすることができるようになった。」というように〈施設への住民の要望は何かを必ずキャッチして進む。〉というように、住民の施設に対するニーズをキャッチして、住民の要望に耳を傾けることを大切に事業を展開していく必要性を伝えている。

【法人内組織の基盤】

〈《社会福祉法人として取り組むために必要な事業推進体制。》〉の島からは、組織内を整えるべき基盤の必要条件が多数示されている。まず、「地域活動のコンセプトを固め、それに沿って事業展開をするようにした。」「「地域密着」とは何を指すのか？を建設前の段階で職員間で徹底的にディスカッションした。自分たちがここでする意味を見出したいと考えた。」が統合された《地域活動をするための哲学を持つ。》ことは、法人すべての地域活動の軸となる。そして、その哲学を実践に移すためには《リーダーの発信は大切で、施設内の全体研修で、地域との関わりの大切さを理事長から発信している。》ことからいえるように、

理事長、施設長など法人幹部職員のリーダーシップが重要である。一方、組織として展開する以上、《施設長が変わっても地域に対する姿勢が変わらないような組織作りを心がけている。》という視点も同じく重要である。

　次に、《地域・ボランティア担当職員の業務遂行のために必要な人材及び施設環境のマネジメント。》である。まず〈配置必須な担当職員には権限や福祉以外の能力も必要。〉である。「ボランティアや地域担当の専任職員を配置した。」「各施設にボランティア担当を置いている。その他に兼任だが地域福祉/広報啓発担当の職員が1名いる。推進するためには、こうした人の配置が欠かせない。」「福祉職の職員にのみこだわるのではなく、地域活動の展開のために必要な知識、技術、資格のある多様な分野の職員を採用する。」「地域担当には課長や係長など役職者も据えている。その方が下の職員に指示が入りやすい。」「地域担当職員は、福祉以外の業種や他職種ともつながりを持ち、情報収集に努めている。そこからの刺激が大きく影響している。」というように、非正規の職員ではなく、一定の権限を持ち、地域活動に対応した知識、技術、資格、キャリアの持ち主を地域担当職員に配置することが挙げられている。

　さらに《事業計画に位置付けて、内外に打ち出し推進を促進する。》ことも、担当業務を遂行するための要素として挙げられている。「法人が理念と事業計画を打ち出し、地域に対し広報紙などで可視化する仕組みを持っている。」「事業計画の枠組みの一番初めに「地域貢献」の項目を入れている。各施設でできる事業を考えて入れるようにしている。」という点である。

　そのほかにも、〈理事長の了解のもと、法人全体で地域貢献委員会を作り、様々な課題や活動を議論する場を設けた。〉〈実践の記録は必ずつけて、事業報告書や総会時にも紹介し、外部から視察がある時などにも必ず示している。〉〈月間予定表を作成して、どのようなプログラムがあるのかが誰でもわかるような工夫をしている。〉〈法人で地域貢献の費目をつくり、予算化している。〉のように、法人として整備すべき様々な取り組みが示されている。

　最後に、《《法人一丸となって取り組むために、職員間の地域理解や合意形成を促進するための取り組みを継続して行う。》》ことも挙げられている。まず、

〈職員に投げかけて、本務以外に自分たちが地域に何ができるか考えてもらい洗い出してもらった。〉ことは、職員全体で考える機会の創出に役立つ。

そのほかにも、「新卒の研修プログラムにフィールドワークを入れている。地域性や不動産関係者からの説明など現場に行って聞いている。」「新卒の研修のプログラムに、しっかり「地域福祉」と入れて、地域の住民・企業とも会って説明もしてもらい直に触れてもらって、研修に採り入れている。」というように、〈新卒職員には入職時から「地域福祉」を学ぶ機会を設ける。〉ことも有効である。

さらに、「拠点の新設のときには、準備期間に職員の巻き込みにも力を入れた。全員で取り掛かるべきと考え、期間中ワークショップで職員一丸で地域志向の施設づくりに取り組んだ。」「配属の拠点により、地域活動の比重は異なるが、法人職員が全員地域の視点を持っており、常に考えている。」「なかなか外に出る機会のない介護職員には、地域で褒められることがあれば持ち帰り、内部の会議でフィードバックする。何回も周知することで地域から評価されているのだと気づける。」「若い職員にとって、人生経験を積んだ百戦錬磨の地域住民と関わることで時に理不尽なことも受ける。しかしそれが対人援助職としての価値が醸成されたり距離感を保つことを学ぶ機会になりケアに還元すると信じている。それも地域の力を活かすことになる。」「理念と基本方針に基づく職員の教育体制を整備し、帰属意識も育むようにしている。」という点も取り入れながら、〈研修と地域での体験から、地域の視点を有する職員の育成が可能となる。〉ことも示されている。

【先行事例から学ぶ】

〈《先行事例のリサーチは怠らず、積極的柔軟に取り入れる。》〉の島からいえるのは、「他にいい取り組みをしているところがあると聞くと、よく視察に行っていた。」「準備期間に先進地に視察に行き、住民協働の関係づくりや距離感について学習した。」「他で既に取り組みを始めている社会福祉法人に視察に行って、ノウハウを勉強した。」というように、先達の優れた取り組みを貪欲に学ぶ

ことの有効性が示されている。


【ボランティアは施設と地域の架け橋】
　《《施設ボランティアは施設と地域との架け橋で不可欠な存在。》》の島からいえるのは、「施設ボランティアをしていた人たちに地域の見守り活動をしていただく体制に広げた。」「昔から来てくれているボランティアも大切にして、施設利用者のQOL向上に協働できている。」というように、従前からこれまでも、ボランティアは施設と地域とをつなぎ、協働を体現する取り組みだということである。


【地縁組織との関係構築の重要性】
　《《地縁組織の住民との関係構築は法人としてしっかり行う。》》の島では、「地域のキーパーソンを知る行政職員と連携する。キーパーソンとのつなぎ役をしてもらう。」「地縁組織の住民とは地域の祭りに一緒に参加したりと普段から良い付き合いができるよう努めている。」「地縁組織の住民を無視するのではなく、多様な住民と協働していくことについて事前に説明をして理解を得るようにしておく。」「地域の地縁団体との関係は法人内の総合相談窓口で行うようにしており、地域密着の協力関係の維持に努めている。」というように、法人施設が立地する地域の地縁組織やキーパーソンとの関係構築の維持に力を注ぐ必要性を示唆している。


【職員に求められる態度姿勢】
　《《施設と地域住民とのフラットな関係構築は、時間をかけて育まねばならない。》》の島からは、職員が住民に対する態度姿勢に関する要点が現れている。
　《職員が地域住民と向き合う時に問われる態度姿勢。》では、まず、「若い職員が地域を回り、地域の人たちに教えてもらうスタンスで関わる。地元には施設を育てたのは自分だという意識の住民も多い。」「特別なノウハウがあるわけでなく、必死に住民の中に入って行う職員の姿勢が人の心を動かす。」「普段から、

地域住民にしてもらっている、やってあげているという上下関係ではなく、フラットな関係性を意識している。」というように、〈職員が地域住民と接する際に必要な姿勢。〉が挙げられている。指導的に振る舞うのではなく、住民に敬意を持ち対等な関係性をいかに築くのかが大切である。次に、「施設内の活動を地域にスライドできるよう、地域の中に活動拠点を新たに設け、そこを施設もアシストしながら住民主体で運営してもらう体制にした。」「自律的に運営する市民スタッフチームメンバーという位置づけで、住民グループを協働のパートナーとした。法人職員も、そこにメンバーとして参加するという形。あくまで、市民スタッフ主体、市民スタッフの自主的運営が原則。」というように、住民が主体的に関われるアプローチを意識的に展開する〈職員が住民の主体性を尊重し、育むために必要な姿勢。〉で対応することも挙げられている。

また、《住民と施設の信頼関係構築には時間がかかるものだ。》では、「地域から信頼をされるまでには時間がかかった。何度も相談に行ったり、地域の困りごとに対応をし続けて、声をかけてもらえるようになった。」「地域活動が軌道に乗るまで相当時間がかかったが、あきらめずに待つことも重要。」というように、関係構築には一定時間を要することが示唆されている。

《住民の中に反対意見のリーダーがいても、役員はいつか変わる。施設が発信し続けることで、実は理解者が増えており、その人が退いたときに協力者となってくれる。地域福祉に必要なことを言い続けるのは無駄ではない。》もその一つである。


【地域活動は広報活動】

〈《地域志向の活動は、広報宣伝の意味もある。》〉の島からいえるのは、「地域に広がる活動を可視化し、発信していくと、そういう仕事がしたい職員が応募する循環が生まれる。」「地域住民はやがて福祉サービスの利用者になる存在なので、地域活動は広報でもあると認識している。」「学生が学んでいる内容を取りこんだ事業展開は、広報戦略でもあり採用戦略でもある。魅力のない法人に人は来ない。」というように、住民や関係者、求職者に対する広報活動でもある

という点である。

【関係者間のネットワークが要】

《《地域の多様な関係者と連携・協力関係を構築し、連帯できる専門職を増やし、ネットワークの力で共に地域の福祉力を上げていく。》》の島からいえるのは、連携・協力の必要性と、ネットワークの力で全体を底上げしていく重要性である。

《多様な関係者と連携・協力関係を構築し、施設が地域ニーズに応えるために上手に活用する。》では、まず、〈多様な関係者と連携・協力関係を構築する。〉つまり「福祉事業者のみならず、企業、地元商店街、行政、まちづくりNPOなど、多種多様な関係者のつながりを作り、地域活動の協力者をつくる。」「地域の社会福祉協議会と関係性を持ち、お互いの相談窓口に入ってきたことに対して連携できるような体制にしている。」ことを挙げている。

続いて、〈福祉のみならず、まちづくりや教育など他領域の社会資源と地域連携チームをつくり、施設が代表をしている。〉〈ネットワーク会議で出てきた地域ニーズに応えられることがあれば、施設として貢献することにしている。施設のみでなく地域ぐるみでニーズを支えることにしている。〉というように、地域の多職種と継続的にやりとりができるネットワークの場の牽引に努め、その中で地域課題の解決を目指す体制づくりのあり方も示唆している。

さらに、自法人のメリットに留まらず、《他法人の職員も参加できる講習会を企画して、地域の福祉力をあげる志のある職員を面的に増やそうとしている。》ことにより、地域全体で地域福祉に取り組める環境づくりが挙げられている。

## 4. 考察と結論

ここでは、本章の研究目的に照らし、分析結果から得られた、社会福祉法人内外に求められる基盤を検討し、社会福祉施設との住民協働が推進されるための必要条件について6つの視点から考察する。図4−2は、今回の分析結果か

ら導き出された必要条件を視覚化したものである。点線の円を施設が立地する
地域社会に見立て、そのうえで第1〜6までの視点に現れる要素を簡略的な図
として表した。つまり、まずは施設が普段から行っている福祉事業を通じた地
域との信頼関係がベースとなる。さらに法人内の基盤を整備すると同時に、地
域に対し積極的な姿勢の担当職員や、住民の代表ともいえるボランティアの存
在が連結器ともなり、地域のニーズを掴むことができる。その際、活動を後押
しする助成事業などトリガーとなる出来事を見逃さないようにする。地域ニー
ズに対し、施設と住民が出会う場、プログラム実践の場がまさに協働の場であ

図4−2 社会福祉施設との住民協働を推進するための必要条件

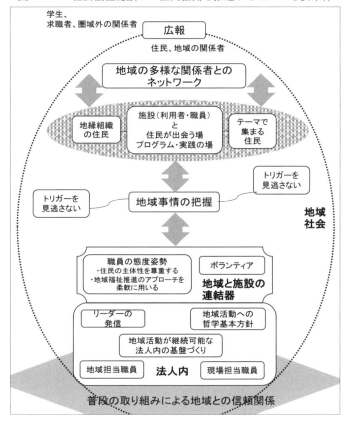

る。施設のみならず地域の多様な関係者とのネットワークも結ばれて、豊かな実践を展開することができる。このことは、施設にとって、地域内外に向けた広報でもある。以下に詳しく説明していく。

　第1に、地域活動を展開する以前の段階で、地域にアンテナを張り、情報を把握したり、積極的にアプローチをすべきという要素がある。現在、社会福祉法人には地域共生社会の実現に向けた要請や、そもそも少子高齢人口減少社会の中で疲弊する地域社会から深刻な生活課題が顕れるという要請など、【時代の要請や地域事情の把握】が強く求められている。社会福祉法人に地域公益活動が責務とされた背景には、同種の事業を経営していながら、なぜ社会福祉法人だけが助成や非課税措置を受けられるのかというイコールフッティング（基盤・条件を同一にすること）への疑問が寄せられ、社会福祉法人ならではの存在意義が問われたからに他ならない（田島2012：13-20）。社会福祉法人に求められる今日的な役割を意識し、地域の福祉ニーズに応えられるよう地域アセスメントの視点を備えておかねばなるまい。法人の動きの後押しを可能とする自治体からの委託事業の募集や好立地の空き店舗があるなど、【トリガーを見逃さない】姿勢も求められる。なお、従来から地域ニーズに応える事業を誠実にし続けることにより【信頼関係の蓄積】があると、地域活動のスタートがスムーズである。法人としてこれまでに培った地域との関係性が強みにもなり弱みになる。

　第2に、このような地域社会の要請に応えるためには、【法人内組織の基盤】の整備が大きく影響する。いうなれば、〈〈社会福祉法人として取り組むために必要な事業推進態体制〉〉を創り出すということである。《地域活動をするための哲学を持つ》ようにし、基本方針を明確にする。理事長、施設長など、リーダーからそれを発信し続けること、《リーダーが変わっても地域に対する姿勢が変わらないような組織作りを心がける》こと、《地域・ボランティア担当職員の業務遂行のために必要な人材及び施設環境のマネジメント》及び《法人一丸となって取り組むために、職員間の地域理解や合意形成を促進するための取り組

みを継続して行う》ことにより、組織として機能していくのである。職員は、利用者支援という共通の目的をもって、他の職員や利用者といった多くの人と協力しながら働いており、施設職員であると同時に組織人である。施設には多様な職種があり、また、施設長、課長、係長、主任などの役職や一般職員といった階層に分かれ、この職種と職員階層が交差しながら施設が運営されている（津田2001：146）。利用者支援に加えて、地域支援という目的も強く打ち出し、施設内外の福祉ニーズに力が注げる組織へと変革することが大きなファクターとなる。

　第3に、このような法人組織が機能していくためには、地域の側と連動してこそ活動が生まれ、育つ。その連結器の一つは、施設の理解者でもあり住民の代表でもある立場のボランティアである。【ボランティアは施設と地域の架け橋】であり、施設ボランティアがやがて地域活動の担い手になる可能性もあり、住民の一員である施設利用者のQOL向上にも欠かせない。施設ボランティアが、利用者の良き理解者でもあり、地域に戻れば福祉施設や障害、高齢、児童といった福祉分野への理解を深めてくれる意義ある存在であることは、これまでから知られている（全国社会福祉協議会2001：3）。

　だが実際には、【職員に求められる態度姿勢】が最大の連結器であろう。指導的な立ち位置から関わるのではなく、むしろ敬意を持って謙虚な姿勢で住民の中に入っていくことで人の心を動かす。そして住民の主体性を尊重し活かしていくようなアプローチを柔軟に用いることも必要だろう。性急に結果を求めるのではなく《住民と施設の信頼関係構築には時間がかかるものだ》と捉え丁寧に取り組む。時に反対意見の住民リーダーがいても、施設が発信し続けることで、その奥には理解者がいて、リーダー交代時に力になってくれることもある。この職員の働きが、地域に影響を与え相互作用を生むのである。

　ここでは、住民参加による地域福祉推進が蓄積してきた知見から学ぶべき点は多いのではないか。図4－3は、住民参加による地域福祉推進のプロセスとされるものだが、（1）地域福祉活動を構想する、（2）地域福祉の課題を見つける、（3）活動の理念や目的をつくる、（4）課題の解決・実際の活動、（5）地

域福祉活動の進行管理の5つのプロセスを、時間をかけて幾度となく繰り返すことによって、地域福祉が推進される。活動を構想する際には、地域担当職員だけが机に向かうのではなく、できるだけ地域に足を運び、住民活動の実態や声を聞き、関係者間のネットワークをつくることも必要である。またこの構想の段階から、地域福祉の情報収集や発信につとめ広く関心を喚起していくことを指摘している（全国社会福祉法人経営者協議会2003：28-29）。今回のKJ法による分析結果とも一致点も多く、職員が地域活動を促進するために住民に対するアプローチは、これまで地域福祉推進を担ってきた社会福祉協議会などと連携し、社会福祉施設ならではの特性や持ち味を活かしたソーシャルワークのあり方を、これからも模索し続ける必要があるだろう。

　第4に、そのために欠かせないのは【地縁組織との関係構築の重要性】を認識し、丁寧に関わり続けることである。地域のキーパーソンとつながり、地縁組織の行事等に参加するなど、良好な関係維持に努めることや、【施設への住民の要望】つまり住民のニーズを協働実践に活かしていくこと、【施設・住民が出会う場をつくる】ことで日常的につながる機会を設けることが必要となる。

　この施設・住民が常に出会える場のことを、岡本（2013）は「なぎさの福祉コミュニティ」と呼び、「特別養護老人ホームや児童養護施設などの福祉施設が、陸と海の間に展開されるなぎさのように、施設と地域社会の間に公共的な空間をつくり、そこにおいて継続的・意図的な支えあいや交流活動を生み出し、ノーマルな社会的・対人的な地域社会関係の創造をめざすことをいう」という

図4－3　地域福祉推進のプロセス

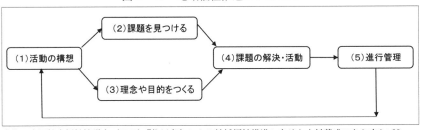

出典：全国社会福祉協議会（2003）『住民参加による地域福祉推進に向けた人材養成のあり方』：28

ように定義付けている。ボランティアなどの地域の人びとの参加を得つつ、な
ぎさ空間において、福祉サービスやさまざまな交流的なプログラム活動を通じ、
支えあいや交流関係など「市民的な公共空間」⇒「福祉コミュニティ」づくり
を創造的に展開することとも述べている（岡本2013：2-6）。このことから、と
りわけ施設と地域の“なぎさ”にあたる場づくりをすることで、施設の強みを活
かした地域福祉への架橋とすることができよう。

　第5として、地域活動は【関係者間のネットワークが要】であることも忘れ
てはならない。地域の福祉ニーズに応えるために、法人単体で臨むのではなく、
〈《地域の多様な関係者と連携・協力関係を構築し、連帯できる専門職を増やし、
ネットワークの力で共に地域の福祉力を上げていく》〉ことを、地域ぐるみで進
められるようなネットワーキングを進めることが求められる。

　最後に、このような【地域活動は広報活動】でもあるといえる。法人経営に
メリットをもたらす効果も考えられる。法人が地域活動をすることで、住民に
は法人を知る機会となり、福祉ニーズを抱えた際には法人にとって将来の顧客
となる可能性もある。新規職員のリクルートのための広報機能もある。

　これらは施設との住民協働の基盤を検討するうえで、いずれも必要な要素で
あり、等しく重要なものである。これらを手掛かりとした施設内外の基盤整備
が促進されるよう期待したい。


## 5．本研究の限界

　本研究の目的は、住民と協働する施設を運営する法人内外に、いかなる基盤
を整備すれば活動が促進されるかをKJ法によって分析し、その必要条件につい
て考察したものである。14施設の地域担当職員の語りからKJ法を用いて分析を
した結果、12の島に統合化することができ、6つの視点の考察に至った。本研
究から得られた知見は、今後の施設実践のあり方を考えるうえで、必要条件を
確認し、推進に必要な基盤整備に活用できると考える。今後は高齢者、障害者
領域以外の施設にも協力を仰ぎ、今回の結果の検証・検討を行うことが課題で

ある。

　なお、本章では必要条件である基盤を確かめたに留まっており、必要条件の一つひとつの詳細については、実践に応用できるより詳細な調査研究が待たれる。とりわけ、地域の福祉ニーズの把握は協働実践のベースになり、図4－2の協働関係の核たる基盤、「施設と住民が出会う場、プログラム、実践の場」への端緒となる。それだけに重要と考えるが、その内実は本研究では明らかにされていない。地域共生社会の実現に向けた地域を基盤としたソーシャルワーク実践への期待は極めて大きいため[2]、施設実践の増幅に資する知見の積み上げは今日的課題といえる。

## 【注】

1)　社会福祉法第24条（経営の原則）の第2項により、「社会福祉法人は、社会福祉事業及び第26条第1項に規定する公益事業を行うに当たっては、日常生活又は社会生活上の支援を必要とする者に対して、無料又は低額な料金で、福祉サービスを積極的に提供するよう努めなければならない」としている。

2)　全国社会福祉法人経営者協議会『社会福祉法人アクションプラン2025―2021年度～2025年度中間行動計画―』(2021)では、2021年度～2025年度中期行動計画を打ち出している。この5年間のアクションプランの行動指針の一つには地域共生社会の推進を打ち出している。既存の制度では対応が困難な多様化・複雑化する地域課題や生活課題に高い専門性を持って積極的に関わり、多様な関係機関や個人との連携・協働を図り、地域における公益的な取組を推進する。また必要な支援を包括的に確保し、地域包括ケアを深化、推進させ、地域共生社会の実現を主導するとしている。地域における公益的な取組を推進することは、社会福祉法人の責務という考え方が示されている。

## 【引用・参考文献】

石井大一朗（2020）「つながりを支える『組織』」板倉杏介、醍醐孝則、石井大一朗『コミュニティ・マネジメント―つながりを生み出す場、プロセス、組織―』中央経済社：138頁

千葉県社会福祉協議会（2019）『社会福祉法人の地域における公益的な取組実践事例集』：2頁

神奈川県社会福祉協議会かながわボランティアセンター施設ボランティアコーディネーション活動指針検討委員会（2006）『社会福祉施設のボランティアコーディネーション指針「はじめの一歩」』：16-18頁

川喜田二郎（1986）『KJ法―混沌をして語らしめる―』中央公論社

川喜田二郎（1970）『続・発想法―KJ法の展開と応用―』中央公論社

川喜田二郎（1969）『発想法―創造性開発のために―』中央公論社

岡本榮一監修、新崎国広、守本友美、神戸智司編著 (2013)『なぎさの福祉コミュニティを拓く―福祉施設の新たな挑戦―』大学教育出版：2‐6頁

サトウタツヤ、春日秀朗、神崎真実編 (2019)『質的研究法マッピング―特徴をつかみ、活用するために―』新曜社：52頁

津田耕一 (2001)『施設に問われる利用者支援』久美：146頁

田島誠一 (2012)「社会福祉法人が存在意義を発揮し役割を果たすために」『経営協』348, 全国社会福祉施設経営者協議会：13-20頁

筒井監修、東牧、新崎、笹部 (1998)『施設ボランティアコーディネーター』大阪ボランティア協会：32-33頁

日本NPOセンター：https://www.jnpoc.ne.jp/ (閲覧日2021-11-17)

浦野正男、倉持康雄、菊地月香ほか (2017)「社会福祉法人改革の先にあるもの」『月刊福祉』100 (10) 全国社会福祉協議会：28-37頁

総務省統計局：https://www.stat.go.jp/data/kokusei/2010/users-g/word7.html/ (閲覧日2021-11-17)

全国社会福祉法人経営者協議会 (2003)『住民参加による地域福祉推進に向けた人材養成のあり方』：27-29頁

全国社会福祉協議会全国ボランティア活動振興センター (2003)『福祉・介護関連施設におけるボランティア受け入れマニュアル』：8‐9頁

全国社会福祉協議会 (2001)『福祉・介護関連施設におけるボランティア受け入れマニュアル作成委員会中間報告書』：3頁

全国社会福祉経営者協議会 (2021)『社会福祉法人アクションプラン2025―2021年度～2025年度中期行動計画―』：41-45頁

# 第5章　社会福祉施設との住民協働のための地域アセスメント

## —関係構築から地域ニーズ把握の展開に着目した探索的検討—


## １．社会福祉施設による地域アセスメントの必要性

　第４章では、施設が住民協働による地域福祉推進を促進するために、社会福祉法人（以下、法人）が整備すべき基盤とは何か、その必要条件を検討した。しかし、協働実践のベースとなる地域の福祉ニーズをどのように把握するのかについては明らかにされていない。

　住民と協働して地域福祉推進を展開しようという社会福祉施設（以下、施設）にとって、協働のパートナーとなる地域住民の存在や、施設の独りよがりではない、地域の福祉ニーズに立脚した実践が求められるのは言うまでもない。特に、2016（平成28）年の社会福祉法改正で「地域における公益的な活動」が義務として位置付けられた社会福祉法人施設には、複雑な問題を抱える地域の現状を踏まえ、施設の特性を活かして何をどのように取り組むのかが問われている。全国社会福祉協議会によって2019（同31）年３月にまとめられた「地域共生社会の実現を主導する社会福祉法人の姿—地域における公益的な取組に関する委員会報告書—」では、社会福祉法人が担うべき役割の一つとして、「他人事を『我が事』に変えていくような働きかけをする機能」があるとし、その内容として「社会福祉法人は、地域ニーズに対応し多様な福祉サービスを提供してきた実績を活かし、地域にある課題について住民が「我が事」と感じて活動するきっかけを提供する」を挙げている（全国社会福祉協議会2019：11）。また同書には「地域における公益的な取組」の標準的な展開手順が示されており、その

第一のプロセスは、「地域ニーズの把握」とされており（同上2019：40）、ニーズ把握を起点としたフローチャートが描かれている。地域の重要な社会資源の一つとして、地域社会の課題解決に向けた役割を担うには、地域ニーズの把握や分析、見立てに基づいた事業展開が率先して必要となってくる。

しかし例えば高齢者福祉分野においては、2000（平成12）年の介護保険施行以降、個別アセスメントはなされたが、地域アセスメントが不十分な傾向がなかったかという指摘もみられる（神山2019：7）。施設利用者一人ひとりのケアマネジメントに注力し、個別ニーズに応えるサービスを展開してきた施設にとって、いわゆる地域を基盤としたソーシャルワークにおける地域アセスメントをどのように展開するかは、まさに模索段階といえるのではないだろうか。

本章では、第3・4章と同様、本調査でインタビュー調査に協力いただいた14施設の実践から、住民との関係構築から地域ニーズ把握にまで展開した過程でどのようなアプローチが用いられていたかという点に着目し、探索的検討を行う。その内実を詳らかにしたうえで、施設による地域アセスメントのあり方について考察してみたい。

## ２．本章における地域アセスメントの示す範囲

地域共生社会の実現に向けた社会福祉法人の地域貢献の果たすべき役割が整理され（厚生労働省2017）、それを受けて全国社会福祉法人経営青年会では「多様化するさまざまな地域ニーズに「地域における公益的な取組」を通して対応し、地域共生社会を主導していくことが、すべての社会福祉法人に求められているとしている」と見解している（2018：6）。そこで、個人も近隣も含めた、より多面・多角的な援助を総合的に提供する社会福祉実践とされるコミュニティソーシャルワーク理論（福田2007）が有用ではないかと考える。そこで本章では、日本地域福祉研究所監修の『コミュニティソーシャルワークの理論と実践』（2015）が整理するコミュニティソーシャルワークの展開プロセス[1]におけるアセスメントの展開過程において、施設が地域に対して取り組んだ様々な動

きを対象として取り上げたい。アセスメントの中には、個別アセスメント、潜在的ニーズの把握、地域アセスメントが含まれる（同上2015：38-48）。

　なお、地域アセスメントは専門職によって地域のニーズ把握ができればよいというだけではなく、その過程が住民主体・当事者主体で取り組まれること、あるいは住民と当事者と専門職の協働で取り組むという手法や過程が重視される。そのことで、明確化された諸課題の共有が図られ、課題解決に向けた地域住民の主体性や動機を引き出すことで、住民参加や専門職の協働が促進されやすくなる（川上2017：4）。したがって、協働する住民とのパイプを作り、太くするためのアプローチと見なせるならば対象範囲として取り扱うこととする。なお、法人・施設内の環境整備については取り上げてはおらず、あくまで対住民へ向かうベクトルに焦点を当てた。

## 3．本研究の方法

### （1）KJ法の活用

　分析方法には、本研究の目的と照らし、KJ法（川喜田1967、1970、1986）を採用した。KJ法は、川喜田二郎が創案した「混沌をして語らしめる方法」であり、収集した情報を創造的に発想し統合することにより混沌としたデータ群を構造化し、その本質をシンボリックに明らかにすることができる。本研究の狙いは、地域アセスメントにあたるアプローチを地域担当職員の語りから明らかにすることであり、質的データをまとめて、新しい知見を創造していく手法として適しているKJ法（サトウら2019：52）が適していると判断した。

### （2）調査の対象と方法

　社会福祉施設が地域住民と協働しながら、地域福祉に資する実践に取り組んでいる14施設の地域担当職員に対し、対象施設内で半構造化インタビューを行った。インタビュー時間は平均、約2時間であった。インタビュー項目は、①

地域の基本情報について、②法人について、③地域貢献・地域交流事業のプロセス、④主担当となる職員、⑤職員の育成、⑥住民との協働による取り組み、⑦住民との協働のプロセスの中で起きた"失敗"、⑧住民との協働の取り組みのメリット、⑨関係する社会資源、⑩地域ニーズの把握、⑪今後の展望とした。

### （3）調査期間

　調査は、2019（令和元）年7月19日から2021（同3）年2月8日にかけて実施した。

### （4）倫理的配慮

　本研究のための調査は、東海大学「人を対象とする研究」に関する倫理委員会の承認（承認番号19118）（2019年7月〜2020年3月）、京都光華女子大学研究倫理委員会の承認（承認番号103）（2020年7月〜2022年3月）および京都光華女子大学研究倫理委員会の承認（承認番号109）（2020年12月〜2022年3月）、を受けてインタビューを行った。

　研究対象者の所属する法人理事長、施設長に対し、地域担当職員へのインタビューの承諾書を得たうえで、対象者本人にも調査目的・調査方法・自由意志と拒否権、ICレコーダーへの録音、データ管理の方法、プライバシーの保護について口頭と紙面で説明をし、同意書に署名を得た。

### （5）KJ法の実施手順

　インタビューはICレコーダーに録音し、まず逐語録化した。その後逐語録を基にラベルを作成した。大量のラベルは、「関係構築から地域ニーズ把握の過程」に着目して多段ピックアップで精選したラベルを基に、狭義のKJ法を行った。KJ図に統合した後に、住民と協働する社会福祉施設による地域アセスメントの視点から考察した。

## ４．結果

14事例から導き出されたラベルは全部で262枚あった。その後、多段ピックアップによって厳選したラベル（68枚）を元ラベルとして、狭義のKJ法を実施した。

本文の島は図解におけるラベルの集合体を指し、【 】はシンボルマーク、「 」はラベル、〈 〉は第一段階表札、《 》は第二段階表札、〈《 》〉は第三段階表札を示す。

### （１）概要

大きくは９の島に統合化することができ、その内実が明確になった（図５－１）。各島の関係性も含め、その概要を述べる。

### （２）分析結果

【地域の状況把握】

〈《予め周辺地域の地域特性、住民動静、福祉水準、問題などを把握し、施設の役割を模索する。》〉の島は、３つのラベルが統合されている。「同じ地域に立地しているからこそわかる地域性や住民気質も包括したうえで細かな課題にも目を向けて、施設が何をすればいいか模索する」「地域周辺地域の人口や高齢化率、介護状況などの動向を理解している。」「地元との付き合いを通して、自治会内の人口動静や自治会離脱率などを注視している。」というように、そもそも施設が地域特性や福祉問題の把握をあらかじめリサーチしたり、住民との付き合いを通じて動向を注視したりしていることが伺えた。

【施設側のキーパーソン】

住民と協働するためには、施設側にも地域に対するキーパーソンの存在が必要となる。その配置の方法は施設によって工夫がみられるものの、やはり〈《住

# 図5－1　住民と協働する社会福祉施設が地域アセスメントに関連する動き

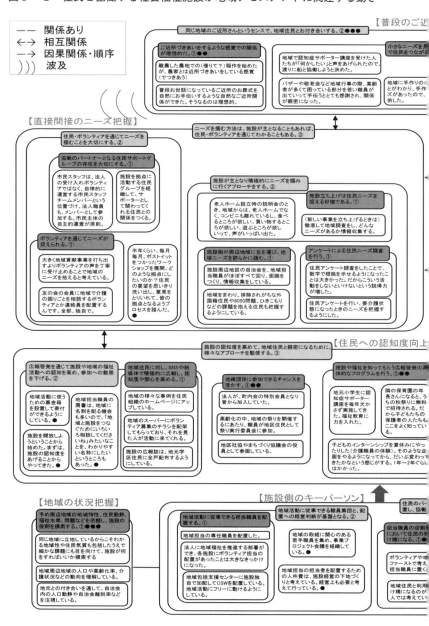

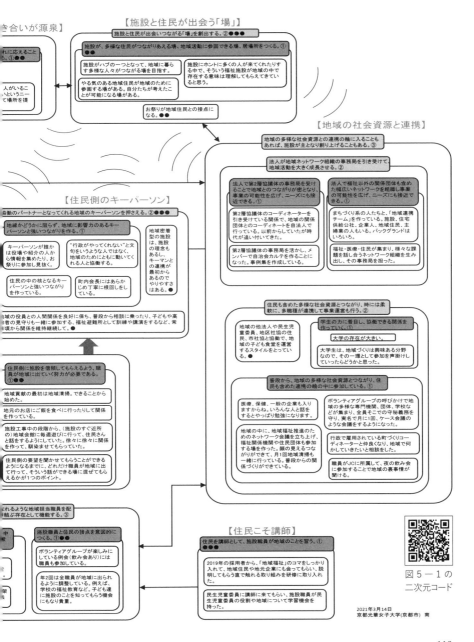

図5−1の
二次元コード

2021年3月14日
京都光華女子大学(京都市)　南

民のパートナーとなれるような地域担当職員を配置し、協働関係を取り結ぶ存在として機能する。》》ことなくして地域活動の展開は難しい。第1に《地域活動に従事できる職員集団と、配置への経営判断が基盤となる。》。地域活動は施設収入にならない部門であり、そこに担当職員を配置するということは、そこに経営判断がある。「地域担当の専任職員を配置した。」「法人に地域福祉を推進する部署ができ、各施設にボランティア担当の配置があったことは大きなきっかけになった。」「地域包括支援センターに施設独自で加配してCSWを配置している。地域活動にフリーに動けるようにしている。」が統合された〈地域活動に従事できる担当職員を配置する。〉〈地域の取組に関心のある若手職員を集め、事業プロジェクト会議を組織している。〉〈地域担当の担当者を配置するための人件費は、施設経営の下地づくりと考えている。経営上も必要と考えて行っている。〉というように、担当職員の配置の背景には法人の意思が強く働いてのことだとわかる。

　第2に「ボランティアや地域の人ファーストで考えられる人を担当職員に置くことが大事。」「地域住民と利用者両者の架け橋になるのが職員だと法人では考えている。」が統合された〈担当職員の役割は、施設の中において住民の側に立ち、架け橋になる。〉からは、担当職員に必要な姿勢も示されている。

　最後に、「年2回は全職員が地域に出られるように調整している。例えば、学校の福祉教育など。子ども達に施設のことを知ってもらう機会にもなり貴重。」「ボランティアグループが楽しみにしている例会（飲み会あり）には職員も参加している。」など〈施設職員と住民の接点を意図的につくる。〉ことで住民との接点が生まれることが示唆されている。


【住民こそ講師】

　〈《住民を講師として、施設職員が地域のことを習う。》〉の島では、「2019年の採用者から、「地域福祉」のコマをしっかり入れて、地域住民や地元企業にも会ってもらい、説明してもらう直で触れる取り組みを研修に取り入れた。」「民生児童委員に講師に来てもらい、施設職員が民生児童委員の役割や地域について

学習機会を持った。」というように、地域担当職員のみならず、地域のことは地域に学べと、住民や地元企業などを講師として施設ぐるみで学習する機会を設けている。


【住民への認知度向上】

〈《施設の認知度を高めて、地域住民と親密になるために、様々なアプローチを駆使する。》〉の島には、地域にその存在を知られていない施設が、まずは存在を知ってもらい、関心を持ってもらい、協働のパートナーとして認めてもらうための端緒を開く様々な手法が現れている。《広報啓発を通じて施設や地域の福祉活動への認知を高め、参加への敷居を下げる。》には、〈地域活動に使うための募金箱を設置して寄付ができるようにしている。〉〈施設を開放しようということから始めた。まずは、施設の認知度をあげることからやってきた。〉〈地域担当職員の肩書は、地域に名刺を配る機会も多いので、「地域と施設をつなぐためにいろいろ相談してくださいね」みたいなことを、わかりやすい名称にしたいというところもあった。〉というように、人目につく場所に募金箱を置いたり、地域の窓口にしてもらいやすくするために名称を工夫したり、施設をオープンに開いていくなど、敷居を低くするための工夫が伺える。さらには「施設の広報誌は、地元学区住民に全戸配布するようにしている」「地域のスーパーにボランティア募集のチラシを配架してもらっており、それを見た人が活動に来てくれる。」「地域の様々な事例を住民組織のホームページにアップしている。」というように、〈地域住民に対し、SNSや紙媒体で積極的に広報し、認知度や関心を高める。〉取り組みもみられる。

また、「法人が、町内会の特別会員となり昔から加入していた。」「高齢化の中、地域の祭りを開催するにあたり、職員が地区住民として祭り実行委員会に参加。」「地区社協やまちづくり協議会の役員として参画している。」など、《地縁団体に参加できるチャンスを活かす。》ことで住民と顔見知りになるチャンスを掴んでいる。

なおこれは、住民の福祉教育にもつながる取り組みでもあるが、《施設や福祉

を知ってもらう広報啓発の具体的なプログラムを行う。》ことも実践している。「地元小学生に認知症サポーター講座を毎年欠かさず実施してきた。福祉教育に力を入れた。」「隣の保育園の年長さんになると、うちの秋祭りに無料で招待される。だから子どもたちの保護者の人たちもここをよく知っている。」「子どものインターンシップを夏休みにやったりした（介護職員の体験）。そのような企画をやるようになってから、だいぶ変わってきたかなという感じがする。１年〜２年ぐらいはかかった。」など、多世代へのアプローチを活用して広報啓発に努めている。

　さらに、《住民側に施設を信頼してもらえるよう、職員が地域に出ていく努力が必要である。》からいえるように、施設の顔となる職員自身が、どれだけ施設外で住民と出会えるか、知ってもらえるかという努力も欠かせない。「地域貢献の最初は地域清掃。できることから始めた。」「地元のお店にご飯を食べに行ったりして関係を作っている。」「施設工事中の段階から、（施設のすぐ近所の）地域会館に毎週遊びに行って、住民さんと話をするようにしていた。徐々に徐々に関係を作って、馴染ませてもらっていた。」「住民側の要望を聞かせてもらうことができるようになるまでに、どれだけ職員が地域に出て行って、そういう話ができる場に混ぜてもらえるかが１つのポイント。」というように、顔なじみの関係から、徐々に、施設も地域の一員として認められるかどうかが極めて重要なことが伺える。


【住民側のキーパーソン】

　〈《協働のパートナーとなってくれる地域のキーパーソンを押さえる。》〉の島では、住民側のパートナーとなるキーパーソンの存在が、いかに重要かが語られる。《地縁かどうかに限らず、地域に影響力のあるキーパーソンと強いつながりを作る。》ことのため、「町内会長にはあらかじめ丁寧に根回しをしている。」「住民の中の核となるキーパーソンと強いつながりを作っている。」というように、地縁団体のリーダーや有力者へのアプローチの他、当初から住民との間につながりがなかったとしても、「キーパーソンが誰かは役場や紹介の人から情報

を集めたり、お祭りに参加し見抜く。」「"行政がやってくれない"と文句をいうような人ではなく、地域のためにともに動いてくれる人と協働する。」というように、施設自らキーパーソンを探し、アグレッシブに協働のパートナーを見つける手法をとることもある。

さらに、《地域の役員との人間関係を良好に保ち、普段から相談に乗ったり、子どもや高齢者の見守りも一緒に参加する、福祉避難所として訓練や講演をするなど、常日頃から関係を維持継続して。》関わり続けることで、パイプも太くなっていく。また、《地域密着型の施設は、施設の理念もあるし、キーマンとの連携が最初からあるのでやりやすさはある。》ということから、地域密着型のサービスはもともと地域との結びつきを重視した運営を求められる特徴があるため、キーパーソンとの関係の築きやすさが伺える。

【地域の社会資源と連携】

〈《地域の多様な社会資源との連携の輪に入ることもあれば、施設が主となり創り上げることもある。》〉ことも、地域へアプローチするためには欠かせない働きである。この島は、《法人が地域ネットワーク組織の事務局を引き受けて、地域活動を大きく成長させる。》と《住民も含めた多様な社会資源とつながり、時には柔軟に、多職種が連携して事業運営も行う。》に大別され、既にあるネットワークに参加するのか、その事務局を主となって担うのかという違いとなる。

《法人が地域ネットワーク組織の事務局を引き受けて、地域活動を大きく成長させる。》の島には、「第2層協議体のコーディネーターを引き受けている関係で、地域の関係団体とのコーディネートを自法人で行っている。以前からしていたが時代が追い付いてきた。」「第2層協議体の事務局を活かし、メンバーで自治会カルテを作ることになった。事例集を作成している」が統合された〈法人で第2層協議体の事務局を受けることで地域とのつながりが密となり、事業の可能性を広げ、ニーズにも接近できる。〉と「まちづくり系の人たちと、「地域連携チーム」を作っている。施設、住宅供給公社、企業人、地域住民、主婦業の人もいる。バックグランドはいろいろ。」「福祉・医療・住民が集まり、様々

な課題を話し合うネットワーク組織を生み出し、その事務局を担った。」が統合された〈法人で福祉以外の関係団体も含めた幅広いネットワークを組織し事業の可能性を広げ、ニーズにも接近できる。〉が含まれる。生活支援体制整備支援事業における第２層協議体の事務局を担うことで、施設が立地する県域の地域ニーズの把握はもちろん、キーパーソンとなる住民や関係機関団体とのネットワークも構築できる。また第2層協議体とは異なる多職種連携のネットワークに参加、事務局を担う方法もみられた。このような手立てをとる法人が生まれていることがわかった。

　一方、事務局を担うという立場ではなくとも、《《住民も含めた多様な社会資源とつながり、時には柔軟に、多職種が連携して事業運営も行う。》》ことも行われている。大学が最寄りにある場合は「大学生は、地域づくりは興味ある分野なので、その一環として参加を声掛けしていったらどうかと思った。」「大学の存在が大きい。」というように《学生の力に着目し、協働できる関係を作っていく。》し、「地域の中に、地域福祉推進のためのネットワーク会議を立ち上げ、福祉関係機関や住民団体も参加する場を作った。顔の見えるつながりができて、月１回地域清掃も一緒に行っている。普段からの関係づくりができている。」「職員がJCに所属して、夜の飲み会に参加することで地域の裏事情が聞ける。」「行政で雇用されている町づくりコーディネーターと仲良くなり、地域で何かしていきたいと相談をした。」「ボランティアグループの呼びかけで地域の多様な専門機関、団体、学校などが集まり、全員そこでの守秘義務を守り、実名で月に１回、ケース会議のような会議をするようになった。」「医療、保健、一般の企業も入りますからね。いろんな人と話をするとやっぱり勉強になります。」というように、《普段から、地域の多様な社会資源とつながり、住民も含めた連携の輪の中に参加している。》ことを実践している。このような連携が形になり、《地域の他法人や民生児童委員、地区社協の住民、市社協と協働で、地域の子ども食堂を運営するスタイルをとっている。》ようなケースもみることができる。

【直接間接のニーズ把握】

《《ニーズを摑む方法は、施設が主となることもあれば、住民・ボランティアを通じてわかることもある。》》というように、施設が積極的にニーズ把握に動いて情報を得る場合と、受け入れているボランティアや協働している住民経由で伝えられる場合の2パターンがある。

《施設が主となり積極的にニーズを摑みに行くアプローチをする。》にもいくつか種類がある。「老人ホーム設立時の説明会のとき、地域からは、老人ホームでなく、コンビニも離れているし、食べるところが欲しい、買い物するところが欲しい、遊ぶところが欲しいって、声がいっぱい出た。」「（新しい事業を立ち上げるときは）徹底して地域調査をし、どんなニーズがあるか情報収集する。」のように〈施設立ち上げは住民ニーズを捉える好機である。〉と捉え、むしろ積極的に住民の声を拾い集めていく。また、「施設周辺地区の自治会を、地域担当職員がほぼすべて回り、面識をつくり、情報収集をしている。」「地域をまわり、排除されがちな外国籍住民や8050問題、ひきこもりなどの課題を抱える住民も把握するようにしている。」というように、〈施設側が周辺地域に足を運び、地域ニーズを詳らかに摑む。〉ものもあれば、「住民アンケート調査をしたことで、数字で根拠を示せるようになったことは大きかった。だからこういう活動をしないといけないという説得力が増した。」「住民アンケートを行い、要介護状態になったときのニーズを把握するようにした。」といように〈アンケートによる住民ニーズ調査を行う。〉手法も採用されていた。

《住民・ボランティアを通じてニーズを摑むことを大切にする。》ことからは、普段から施設に関わっている住民・ボランティアはニーズ把握のうえでも協働のパートナーであることが伺える。「大きく地域貢献事業を打ち出すよりボランティアの声を丁寧に受け止めることで地域のニーズを拾えると考えている。」「友の会の会員に地域で介護の困りごとを相談するボランティアとか連絡員を配置するんです。全部、独自で。」というように、地域課題に目配せし気づける住民・ボランティアと連携することで〈ボランティアを通じてニーズが捉えられる。〉とする。また、関わる住民・ボランティアは「市民スタッフは、法人の受

け入れボランティアではなく、自律的に運営する市民スタッフチームメンバーという位置づけ。法人職員も、メンバーとして参加する。市民主体の自主的運営が原則。」「施設を拠点に活動する住民グループを組織して、サポーターとして関わってくれる住民との関係をつくる。」というように〈協働のパートナーとなる住民サポートグループの存在を大切にする。〉こと自体が鍵である。中には、《半年くらい、毎月毎月、ポストイットをつかったワークショップを展開、どのような拠点にしたいのか？住民の要望を思いきり洗い出し、意見をとりいれて、皆の拠点となるようプロセスを踏んだ。》というようにワークショップ型手法の活用もみられた。

【普段のご近所付き合いが源泉】
　〈《同じ地域のご近所さんというセンスで、地域住民とお付き合いする。》〉の島には、施設に必要な地域への向き合い方が表れている。肝心なのは、「普段お世話になっているご近所のお葬式を自然にお手伝いするような自然なご近所関係ができた。そうなるのは理想的。」「離農した農地での（借りて？）稲作を始めたが、農家とは近所づきあいをしている感覚（でつきあう）」のように、施設と住民であったとしても、《ご近所づきあいをするような感覚での関係が理想的だ。》ということである。また、具体的な近所づきあいの営みとしては、「地域で認知症サポーター講座を受けた人たちが「何かしたい」と声をあげられたので、渡りに船と協働しようと決めた。」「バザーや敬老会など地域行事の際、高齢者が多くて困っている部分を若い職員が出ていって手伝うととても感謝され、関係が親密になった。」「地域に手作りの小物づくり名人がいることがわかり、手作り市がしたいというニーズがあったので、それを拾って場所を提供した。」のような“〜したい”“〜で困っている”という《小さなニーズを見逃さず、それに応えることで住民をつながる好機にする》ことが挙げられる。

【施設と住民が出会う「場」】
　この島には、《施設と住民が出会いつながる「場」を創出する。》ことの重要

性が表れている。〈施設が、多様な住民がつながりあえる場、地域活動に参画できる場、居場所をつくる。〉、つまり、「施設がハブの一つとなって、地域に暮らす多様な人々がつながる場を目指す。」「施設にホントに多くの人が来てくれたりする中で、そういう福祉施設が地域の中で存在する意味は理解してもらえてきていると思う。」「やる気のある地域住民が地域のために参画する場がある。自分たちが考えたことが可能になる場がある。」など、住民がなぎさのごとく行き来できる「場」を、施設という拠点を利用して設けることである。また、「場」は施設内だけではない。地域で行われるお祭りという「場」に参加することで、《お祭りが地域住民との接点になる。》ので、施設内外で、職員、利用者、住民らが時に出会い、時に居場所となり、時に具体的な活動ができる「場」を創出している。

## 5．考察

　分析結果から、住民と協働する施設による地域アセスメントには、地域の問題把握から活動主体の組織化までの段階で必要な動きを9つの島に統合することができた。これらは14施設のインタビュー結果からの探索的検討となり、全施設がすべての手法を採用しているわけではない。だが、混沌とした地域担当職員の語りの逐語録から、施設種別や施設の立地する地域特性、社会資源の状況如何によって柔軟に採用することのできる、地域アセスメントの要諦となるポイントや具体的手法が見出せたのではないか。

　まずは、【地域の問題把握】をしておくことと、把握し続けることから始まる。あらかじめ、施設が立地する地域特性や福祉課題について、既存資料や日常的な地域との関わりの中から情報収集・分析をし、知識として準備することが大切である。次に、住民にとっての【施設側のキーパーソン】となる担当職員の配置が、極めて大きな鍵だといえる。施設経営にとって収支管理は重要であり、直接報酬とつながらない地域活動に対し、担当職員を置くことには経営判断を要すると思われる。しかし、住民と協働するための施設側のチャンネル

を開くことなしには協働の成立は難しい。施設と地域の架け橋となれる資質ある職員の配置は必須であろう。

　次に、しかし、これまで深い付き合いのなかった地域に施設のことを知ってもらい、信用を置いてもらわなければ協働どころではない。【住民への認知度向上】のため、効果がありそうな動きを様々に試行していることがわかった。広報啓発をはじめ、自治会役員など地域組織への参画、認知の裾野を広げ福祉に理解ある住民を育てるための福祉教育、ときには、清掃活動、地域のお店にご飯を食べに行くことや住民の活動場面に足を運ぶなど、一つひとつはさざ波のように小さくとも、職員の顔を知ってもらうための動きを四方八方から取り行っていた。

　また、職員から住民へのアプローチのみならず、【住民こそ講師】とばかり、地域住民から職員が学ぶ機会を設け、そのことで職員側の理解を深めている手法もみられる。職員全体の共通理解を育む職員研修に組み込む手法は確かに有効であろう。地域に最も詳しいのは地域住民であることから、施設がそこから学習する姿勢を持つことも重要である。

　専門職同士あるいは行政や企業、学校などという【地域の社会資源との連携】も積極的に活用していく。自法人が事務局を担うネットワーク組織を運用することもあれば、既存のネットワーク組織に参加することもあれば、大学など地域状況ならではの人材とつながる場合もあれば、複数の社会資源とが協働実践を生み出す場合もある。その時々の施設をめぐる社会資源に応じて臨機応変に連携する中で、地域へのアプローチのチャンネルを増やし、地域ニーズへと接近していくことができると考えられる。同時に地域問題を検討しあう場を持つことで、まさにここでアセスメントの機能が発揮されている。

　地域への門戸を開くゲートキーパーとなる【住民側のキーパーソン】と出会い、つながることも、極めて重要なポイントである。地域というフィールドで実践する以上は、地縁組織の役員との良好な関係性維持は欠かせない。だが、施設と共に協働することができる住民は地縁組織の役員のみならず、地域活動に参加したい意欲ある住民はほかにもいる。地域事情や実践する活動内容によ

128

ってキーパーソンも広く捉える必要がある。地域密着型サービスの場合は、事業を開始するためには地域との連携が義務付けされていることから、キーパーソンとの出会いが早い段階で得られることになる。このアドバンテージは大いに活かすことができる。

　また、【施設と住民が出会う「場」】が日常的にあれば、そこがニーズ把握のための大きな機能を果たすことにもつながる。この場は、住民の主体性を育み応援するための場としても作用し、認知度向上のためにもなる。施設を媒介に住民と様々な社会資源がつながりあう場ともいえる。情報が行き交う場を作ることができれば、ニーズ把握はもとより、住民と専門職、その他団体とのネットワークも太くなり、その後の問題解決のための力を蓄える地域の福祉力強化にもつながるのではないか。

　おそらく、施設による地域アセスメントとは、【普段のご近所付き合いが源泉】なのではないだろうか。施設と住民との関係性のどちらかに力みがあったり、相互に不信があったりすると、当然ながら両者の風通しはよくない。ご近所付き合いの感覚でいられる関係性を目指す。そのためにも、普段から住民の小さな困りごとを呟いてもらえるような間柄でいることや、施設側で応えられる範囲であれば応えていく。まさにそのような“困った時はお互い様”な付き合いを維持継続する中で、信頼関係が築けるのではないか。“あの施設なら、相談を聞いてくれる”“あの施設なら、悩みを言えるかもしれない”という施設への信頼は、常日頃の住民とのお付き合いから醸成されるのではないだろうか。

　こうして施設は徐々に住民との接点を増やし、地域ニーズに触れる機会を増やしていく中で、【直接間接のニーズ把握】が行われている。直接アウトリーチをしたり、アンケート調査を実施したり、新規施設立ち上げ時のニーズ調査をするなど、施設がより深いニーズ把握のためのアプローチを展開している。一方で、施設内のボランティア受け入れが功を奏す方法も見過ごせない。ボランティアは施設理解の深い住民の代表のような存在である。施設の特徴や強みを知り、地域で起こる様々な問題を知る立場であるボランティアを通してニーズを掴むことができる。また、協働のパートナーとなる住民とのニーズ把握のた

めのワークショップを持つ、日常的に関係を持つことができるサポートグループの組織化をすることで、地域課題にサポートグループと共に向き合える環境も整備することができると考える。

## ６．総括

　以上の結果から、これまで施設利用者に対するケースワーク中心に行っていた施設に対し、そもそも住民の認知度が低く、住民から困りごとが寄せられるほど関係構築がなされておらず、施設側にしても地域状況の把握が不足しているという現実を越えていかねばならないことが伺えた。

　そのため、施設側は地域状況の把握をし、担当職員を配置すると共に、職員への地域理解を深める準備段階が必要であった。そして、様々な方法で住民と直接接する機会を作り、一方ではＳＮＳや紙媒体で広報を届け、認知度向上という大きな課題の克服に努力している。こうして土台ができると、ニーズ把握を可能とする大きな有機的なつながりが生み出されていく。協働のパートナーとなる住民側のキーパーソンと関係を持ち、やがて住民と施設の日常がご近所同士の付き合いのようになり、そうした住民と施設が出会える場が恒常的にあり、そこと多様な社会資源とのネットワークがつながっているというスケールのネットワークが機能することで、個別具体的なニーズ把握を可能とすることができる。

　なお、今回の分析結果からは、地域に足を延ばし個別に気になる住民を把握することやアンケート調査といった手法は運用されているものの、コミュニティソーシャルワークの展開プロセスにいう個別アセスメントに関連する部分の抽出は少なかった。社会福祉法人の地域貢献の取り組みの中には、福祉専門職の強みを活かした生活困窮者支援などの個別支援事業もみられるが、住民と協働した実践の場合に、個人へのアプローチをどのように伸ばしていくのかは、これからも継続的に検証・検討を行うことが求められる。

## 7．本研究の限界

　本研究は、14施設の地域担当職員の語りから「渾沌とした現実のなかから、何かの秩序を見出して、体系づけることが可能となる（川喜多1970：16）」KJ法を用いて分析・考察をしたものである。今後は高齢者、障害者領域以外の施設にも協力を仰ぎ、今回の結果の信頼性をより高めていくことが課題である。

【注】
1）日本地域福祉研究所の報告書（2015）によると、コミュニティソーシャルワークの展開プロセスは、1.アセスメント、2.プランニング、3.実践、4.モニタリング、5.評価に分けている。

【引用・参考文献】
神山裕美（2019）「地域活動・地域連携を推進するためのソーシャルワーカーの役割」『通所＆施設 地域包括ケアを担うケアマネ＆相談員Vol.10.No.2』日総研：7 -10頁
川上富雄(2017)『地域アセスメント―地域ニーズ把握の技法と実際―』学文社：4
川喜田二郎（1986）『ＫＪ法―混沌をして語らしめる―』中央公論社
川喜田二郎（1970）『続・発想法―KJ法の展開と応用―』中央公論社
川喜田二郎（1967）『発想法―創造性開発のために―』中央公論社
厚生労働省『地域密着型サービスの創設』
　　https://www.mhlw.go.jp/topics/kaigo/gaiyo/k2005_09.html　（閲覧日2021-3-18）
厚生労働省(2017)『地域における住民主体の課題解決力強化・相談支援体制の在り方に関する検討会（地域力強化検討会）最終とりまとめ』
　　https://www.mhlw.go.jp/stf/shingi2/0000176885.html　（閲覧日2021-3-24）
サトウタツヤ、春日秀朗、神崎真実編（2019）『質的研究法マッピング―特徴をつかみ、活用するために―』新曜社
全国社会福祉法人経営青年会（2018）『（2017・2018 年度 全国社会福祉法人経営青年会地域活動実践委員会活動報告書）地域共生社会の実現に向けた社会福祉法人の実践』：6 頁
全国社会福祉協議会（2019）「地域における公益的な取組に関する委員会」報告書：11頁、40頁
日本地域福祉研究所監修、中島修・菱沼幹男編（2015）『コミュニティソーシャルワークの理論と実践』中央法規出版：38-48頁
福田公教（2007）「コミュニティソーシャルワーク」上野谷加代子・松端克文・山縣文治編『よくわかる地域福祉第３版』ミネルヴァ書房：120頁

◇第Ⅲ部◇

住民側からみた社会福祉施設との協働

# 第6章　社会福祉施設と協働する住民の活動継続の理由

## —高齢者福祉施設「西院」の事例による要因分析—


## １．研究の目的と背景

　第３〜５章において明らかになった課題の一つに、協働のパートナーである【地域住民との関係づくり】が挙げられる。そこで本章では、必要条件の一つであり、施設と地域との懸け橋となる存在である社会福祉施設（以下、施設）で活動するボランティアを対象として、活動継続の要因となるものは何かを探る。

　第３章では、住民協働を推進する社会福祉法人が抱える課題の中に、多様な市民との【地域住民との関係づくり】やその時々によって波がある【住民側組織の不安定さ】が挙げられ、いかに住民との良好な関係を維持し、住民側の活動へのモチベーションを維持するかが求められていることを考察した。また第４章では、課題に対応する基盤の一つに【地縁組織との関係構築の重要性】【ボランティアは施設と地域の架け橋】が挙げられている。地縁組織の人たちとの関係構築には【職員に求められる態度姿勢】次第で良くも悪くも影響を受けるとし、《職員が地域住民と向き合う時に問われる態度姿勢》を備えるべきことが示唆されている点を探求した。第５章から導き出せたのは、〈〈施設と地域住民とのフラットな関係構築は、時間をかけて育まねばならない〉〉という点であり、ここでいうフラットな関係構築の内実は、さらに追究していかなければ見えてこない。そこで、職員がどのような態度姿勢が必要とされるのか、このことを、本章では、住民の代表格でもある施設ボランティアを対象として探求してみたい。

施設ボランティアは、わが国でのボランティア活動の形態としては、最もよく知られた、今では古典的ともいえる活動の一つであった。現在では、福祉サービス第三者評価事業の評価の福祉サービス第三者評価基準ガイドライン「Ⅱ - 4 地域との交流、地域貢献」にも、「Ⅱ - 4 - ( 1 )-② ボランティア等の受入れに対する基本姿勢を明確にし体制を確立している。」ことが挙げられており、ボランティアとの接点はなくてはならないものとなっている（全国社会福祉協議会2014）。その意味で、施設にとって住民像を最も身近に知ることができる機会でもある。施設では、様々なボランティア活動が展開している。中でも、レクリエーションや行事などの単発型の活動、利用者の話し相手や環境整備など長く関われる継続型の活動がよく知られている。岡本（1981：30-32）は、対人援助活動であるボランティア活動となったときには、一定の継続性が必要であり、継続性を基に利用者とボランティアとの信頼関係が生まれると述べている。施設とすれば、受け入れたボランティアには、できるだけ長く継続的に参加してもらえればありがたい。ボランティアはあくまで個々人の自由意志に基づいた活動であり、無理強いはできない。ボランティアそれぞれの事情や条件も異なる。ボランティアに継続してもらいたいが、実際には継続が難しいことは、施設にとってボランティア受け入れにおける主要な課題である（守本2001：34）。

　現在、施設にとって、ボランティアの存在はいつくかの論点からますます求められているといってもいいだろう。何よりも第1に、利用者への支援の質を上げることができるという点である。より良い支援をするためには、限られた人数で対処せざるを得ないので特定の専門職のみが関わっていたのでは自ずと限界がある。多様な地域の住民がボランティアとして関わることで、多彩な支援につながっていく。その支援の向上は、専門職の願いでもある。第2には、施設周辺の住民の社会参加の場の提供、居場所にもなるという点である。地域に貢献したい、施設利用者のために何かしたい、福祉が学びたい、地域で何か役に立ちたいといった住民の参加の意欲を受け止めることにもなる。また理解ある住民が施設の周辺にいることで、施設と地域との懸け橋にもなる。第3には、施設のある地域福祉の推進、まちづくりという意味がある点である。特に、

この第3の意味は、ここ数年の間に拡大しつつある。それは、地域包括ケアシステム[1)]、地域共生社会[2)]の実現が謳われ、地域の福祉課題に関心を持つ住民が増えて、支え合い助け合う関係を構築していくことは時代の急務となっている。また、2017（平成29）年の社会福祉法改正により、社会福祉法人の改革が迫られていることも大きい。「地域における公益的な取り組みを実施する責務」が義務化され、施設の持つ専門性やポテンシャルを活かし、地域福祉推進に資する取り組みを実施する必要がますます生まれている。ボランティア受け入れは、地域と施設とをつなぐ大切なチャンネルの一つとして、この先も丁寧に取り組んでいくことが求められる。本章のテーマである、社会福祉施設と協働する住民の活動継続の理由を探る実践例として取り上げることに問題はないと考える。

　そこで本章では、施設におけるボランティアの継続をテーマに探究していく。ここでは、ボランティア受け入れ及び地域福祉実践に積極的に取り組む高齢者福祉施設「西院」[3)]（京都市右京区）の協力のもと、そこで継続して活動するボランティアが、なぜ継続できているのか、その理由を洗い出し、分析を試みたい。そして、職員が住民に向き合うにあたり、どのような準備をし、どのような対応をすることで継続につながるのかを考察していきたい。


## 2．活動参加の理由とは


　一般的に、ボランティアが継続する理由を探る前に、どのような理由でボランティアに参加したのかを捉えておきたい。つまり、ボランティアを始めるにあたり、何に期待をして活動に参加したのかという点を2つの調査から概観する。

　2017（平成29）年3月に内閣府が発表した「平成28年度市民の社会貢献に関する実態調査」によると、ボランティア活動に「参加したことがある」と回答した人の参加理由は、「社会の役に立ちたいと思ったから」（47.7%）、「自分や家族が関係している活動への支援」（30.4%）、「自己啓発や自らの成長につながると考えるため」（30.1%）と続き、以下、「職場の取組の一環として」（20.1

%）、「知人や同僚等からの勧め」（10.0%）、「自分が抱えている社会問題の解決に必要だから」（6.6%）、「社会的に評価されるため」（1.9%）、「その他」（13.2%）となっている（内閣府2017：8）。

　また、東京五輪を控える東京都が2016（平成28）年に行った「都民等のボランティア活動等に関する実態調査」（2017：43-36）によると、「何か社会の役に立ちたかったから」（37.7%）、「興味を持ったから」（29.5%）で、あとは「周りの人がやっているから」（15.2%）が割合的に多く、「自分の技術や能力、経験を活動に生かしたかったから」（10.3%）、「活動を通じて友人や仲間を増やしたい」（11・7%）、「余暇時間を有意義に過ごしたい」（10.6%）、「身近に放っておけない問題や課題があったから」（10.3%）、「就職や進学に有利になると考えたから」（3.8%）、「特に理由はない」（13.5%）、「その他」（3.8%）、「無回答」（2.0%）となっている。

　このことから、理由はいつくかに大別できることがわかる。ボランティア活動の原則、自発性、社会性、無償性の“社会性＝社会の役に立つ”ことは確かに理由の上位に挙げられている。そして、「自己啓発や自らの成長につながると考えるため」という自らの力を社会に生かすことで成長したいというものもある。しかし、「自分や家族が関係している活動への支援」「職場の取組の一環として」「知人や同僚等からの勧め」「周りの人がやっているから」といった、社会性を帯びたとは言い難い理由や、「社会的に評価されるため」「就職や進学に有利になると考えたから」といった利己的な理由もみられる。中には、「特に理由はない」という確固とした目的意識がなくとも参加している人がいることも伺える。前述したとおり、ボランティア活動には自発性、社会性、無償性が包括されているが、社会のために役立つ活動プログラムに参加することだけでボランティアが期待することが充たされるわけではないことがこの結果からは確認できる。


## 3．活動継続の要因とは

　次に、ボランティアが実際に継続するための要因は何なのかを探る。前節で

挙がっている活動の動機が充たされれば良いのか、それとも別の要因があるの
か、という点である。橘ら（2019）は、スポーツ・ボランティアをテーマに参
加動機、参加継続を促進する因子及び参加に関する不安要因を検討している。
それによると、研究協力者であるボランティアスタッフの参加動機の上位3位
は、「スポーツへの関心」「自分自身が成長したい」「社会的な視野を広げたい」
であるという（橘ら2019：93）。しかしながら、活動に参加して成果があったと
感じているところを尋ねると、「所属感を感じるところ」が終了時の成果として
高い値を示したという。これは自分にとって居場所があるという集団への帰属
意識を指すとし、「スポーツへの関心」「自分自身が成長したい」「社会的な視野
を広げたい」といった項目では、開始当初の期待に対して、終了時の成果とし
ての評価が低くなった。そして、「重要なことは、うまくいかない場面に出会っ
たと時に、1人で悩みを抱えさせてしまうのではなく、仲間や先輩と経験を共
有できる関係性をまずは構築していくことではないだろうか。ともに改善策を
考え実践する取り組みが、集団への所属感をより強めボランティア活動の継続
につながっているのではないかと考えられる。知識や技術の習得や向上にはあ
る程度の時間と経験を必要とすることを理解し、成果を急ぐことなく人材育成
に時間をかけることの重要性を理解することもボランティア組織運営には必要
であろう」と考察している（同上：96）。

　勝又ら（2016）が行った病院ボランティアを対象とした継続要因の調査でも、
「病院ボランティアへ参加する高齢者の活動は、共に病院を創るとの思いやボラ
ンティア間の絆が活動の継続要因」であるという考察を示している。

　桜井（2005）は、ボランティア活動の継続要因を明らかにする目的で、287人
のボランティアを対象に調査を行った。サンプルを若年層（30歳未満）、壮年層
（30歳以上60歳未満）、高齢層（60歳以上）の3つの年齢層別に区分して分析を
行った。その結果、年齢層毎に、活動継続要因は異なっていた。若年層では活
動を通じてのやりがいや適材適所の対応が、若年層ボランティアの活動継続を
促進していると考えられるとしている。壮年層では、ボランティア同士のコミ
ュニケーションやボランティア団体のへの所属意識への満足が活動継続要因と

あり、高齢層ではまったく見返りを求めない利他的な動機を持った者よりも、ボランティア活動を通じてさらなる自己成長を期待している者が活動を継続しており、なおかつ、社会的に役立つことを望み、そして活動を通じてその実感が得られている者の方が、活動を継続していると考えることができるとしている。また、生涯学習の観点から、そこで知識・技術を習得し、その学びと連動したボランティア活動が高齢層では定着していることも指摘している。

　これらのことから、ボランティアが参加する際に持っていた参加理由とは別の要因が継続に影響しており、多世代のボランティアの参加と継続を図るためには、彼らが魅力を感じる（活動継続要因に配慮した）ボランティア活動となっているかどうかが鍵といえる。だが、本節で示した調査には、施設を対象としたものはない。そこで、高齢者福祉施設「西院」の実態から何が汲み取れるのかを、次節で検証していきたい。

## ４．高齢者福祉施設「西院」におけるボランティア継続の理由とは

　本節では、施設でのボランティア継続を可能たらしめる理由は何かを探るため、高齢者福祉施設「西院」（京都市右京区）においてボランティアを継続している関係者６名の協力のもと、継続の理由を出し合い、KJ法でまとめることで、その要因分析を試みる。

### （１）高齢者福祉施設「西院」について

　はじめに、高齢者福祉施設「西院」についての概要を押さえておく。

　京都市右京区にある高齢者福祉施設「西院」は、デイサービスや地域包括支援センターなど、いくつかの機能を複合的に有する介護保険事業所である。設立は1999（平成11）年。当初はボランティアの存在自体が希少で、ボランティアがたった２名しかいない時期もあった。だが、2016（同28）年11月４日時点のデータでは、117名のボランティア登録があり、①外出ボランティア（お出掛け・旅行〔日帰り・一泊〕）など、②曜日ボランティア（デイサービスでの利

用者との触れ合い、交流など）、③教室ボランティア（折り紙・麻雀・音楽・映画など）、④披露ボランティア（学生・子供・親子・高齢者などが踊りや音楽などの一芸を披露）、⑤喫茶（コミュニティーカフェの運営）など、活動の幅が広がっており、まさに多彩な施設実践が展開されている[4]。

　そのほかにも、毎週金曜日の晩には多世代型食堂（いわゆる子ども食堂の拡大版）の「西院おいでやす食堂」も実施している。高齢者福祉施設が、なぜ、子ども食堂を運営するのだろうか。

　高齢者福祉施設「西院」の支援対象は、主として認知症高齢者やその家族である。職員は普段の支援を通し、高齢になっても認知症であってもできることも多くあり、それぞれが持てる力を発揮したいニーズがあることを専門的知見から把握していた。究極の目標には働くことも視野に入る。それを実現するためには、多世代の多様な人たちが集い、互いを理解し、顔の見える関係になる必要がある。つまり、当事者をめぐる環境が整備されねばならないというマクロレベルの課題が横たわっていた。認知症高齢者が理解され、力が発揮される社会とは、いわば、社会的弱者の立場にある誰もが理解され、認め合い、許容力の深い社会であるともいえよう。各地の子ども食堂誕生の追い風が足がかりにもなり、西院おいでやす食堂は、誰もが暮らしやすいまちづくりに向けた一つの試金石として活動を開始した経緯がある。

　その意味で西院おいでやす食堂は、法人資源である高齢者支援の機能や施設という場の提供と、周辺地域の子ども達の支援をコラボレーションさせた取り組みである。そこで、食堂に誘う対象者は特に制限せず、誰もが集える居場所とすることが立ち上げ前から方針で打ち出された。実際、参加者の年齢層は大変幅広く、乳児から高齢者まで一つのフロアに集まる場面がみられる（南ら2018：104）。

### （2）調査対象と研究方法

　本研究では、高齢者福祉施設「西院」でボランティア継続をしているボランティアスタッフ 6 名により、ボランティア継続の理由とは何かを出し合い、そ

れらを対象としてKJ法（川喜田1986）での分析を行った。ボランティアの活動期間は最長13年、最短3年のメンバーが集まった。年代は20〜80代である。活動内容は、デイサービスセンターで利用者との交流活動、一芸披露のボランティア、外出行事での付き添い、いわゆる子ども食堂「西院おいでやす食堂」での活動など多様で、ともかく単発で終わるのではなく、活動を継続し続けている人を対象とした（表6－1）。

　意見はKJラベルに転記し（56枚）、多段ピックアップによって厳選したラベル（38枚）を元ラベルとして、狭義のKJ法を実施した。図6－1（詳細：右二次元コード参照）は元ラベルからのグループ編成のプロセスがすべて把握できる省略のない図解である。

図6－1の二次元コード

　なお、倫理的配慮としては、参加者と研究目的を共有したうえで、論文化するなど、広く発信していくことの了解を得た。また、ラベル内の表現においては、個人が特定できないようすべて匿名化している。

表6－1　継続ボランティアの一覧

| | 性別 | 年代 | 期間 | 参加のきっかけ | 主な活動内容 |
|---|---|---|---|---|---|
| A | 男性 | 70 | 10年 | 自宅の最寄りにブランチの施設ができた際、ボランティア募集の呼びかけがあった。 | ・外出行事の付き添い<br>・施設の環境整備 |
| B | 女性 | 60 | 13年 | 先代の所長の頃より参加。 | ・行事のお茶席を担当<br>・デイサービスの利用者との会話、交流 |
| C | 女性 | 70 | 12年 | 法人の別法人のデイサービスでボランティアをしており、それが縁で「西院」へも参加。<br>もともとご家族がデイサービスを利用者として通所していた。 | ・外出行事の付き添い<br>・デイサービスの利用者との会話、交流 |
| D | 女性 | 40 | 3年 | 「西院おいでやす食堂」ができる時、所長から声をかけられた。 | ・西院おいでやす食堂の活動 |
| E | 女性 | 20 | 3年 | 「西院おいでやす食堂」ができる時、大学から声をかけられた。 | ・西院おいでやす食堂の活動 |
| F | 女性 | 80 | 5年 | 徒歩圏内に住んでいたから。 | ・喫茶ボランティアの運営 |

## 図6−1　ボランティアを継続する理由とは？

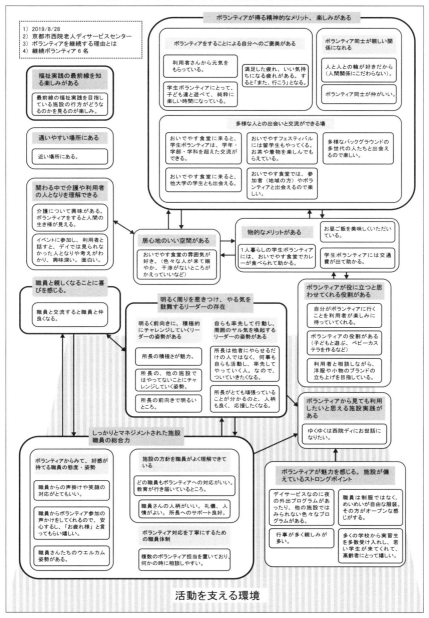

## 5. 結果

　グループ編成の結果、ラベル群は最終的に、12の「島」に分類された。【ボランティアが得る精神的なメリット、楽しみがある】【福祉実践の最前線を知る楽しみがある】、【通いやすい場所にある】【関わる中で介護や利用者の人となりを理解できる】【居心地のいい空間がある】【物的なメリットがある】【ボランティアが役に立つと思わせてくれる役割がある】【職員と親しくなることに喜びを感じる】という、ボランティア側が得られる部分でのやりがい、楽しみと、それを生み出す土壌として【明るく周りを惹きつけ、やる気を鼓舞するリーダーの存在】、【ボランティアから見ても利用したいと思える施設実践がある】【しっかりとマネジメントされた施設職員の総合力】【ボランティアが魅力を感じる、施設が備えているストロングポイント】という、いわば施設実践の総合力ともいえる部分との、大別して2つのゾーンがあることが見出せた。

【明るく周りを惹きつけ、やる気を鼓舞するリーダーの存在】
　施設実践の総合力を生み出す鍵は、リーダーの存在である。意見の中にも『明るく前向きに、積極的にチャレンジしていくリーダーの姿勢がある』がある。「所長の前向きで明るいところ。」「所長の積極さが魅力。」「所長の、他の施設ではやってないことにチャレンジしていく姿勢。」というように、前を向き、施設実践をけん引するリーダーの姿勢が影響を与えている。また「所長は他者にやらせるだけの人ではなく、何事も自らも活動し、率先してやっていく人。なので、ついていきたくなる。」「所長がとても頑張っていることが分かるのと、人柄も良く、応援したくなる。」というように『自らも率先して行動し、周囲のヤル気を喚起するリーダーの姿勢がある』という点も同時に挙がっている。他人任せにせず、リーダー自身が汗をかく様子を、ボランティアも目にしていることが伺える。

**【しっかりとマネジメントされた施設職員の総合力】**

　まず、「職員からの声掛けや笑顔の対応がとてもいい」「職員からボランティア参加の声かけをしてくれるので、安心するし、「お疲れ様」と言ってもらい嬉しい。」「職員さんたちのウエルカム姿勢がある。」という『ボランティアからみて、好感が持てる職員の態度・姿勢』があるということ。そして、『施設の方針を職員がよく理解できている』では、「どの職員もボランティアへの対応がいい。教育が行き届いているところ。」「職員さんの人柄がいい。礼儀、人情がよい。所長へのサポート良好。」というように、組織体としての成熟度そのものをボランティアがよく観察していることが伺えた。その他に、「複数のボランティア担当を置いており、何かの時に相談しやすい。」という『ボランティア対応を丁寧にするための職員体制』の良さも挙がった。

**【ボランティアが魅力を感じる、施設が備えているストロングポイント】**

　ボランティアから見ても、施設の良いと思えるポイントを備えていることが、継続の理由として挙げられている。「デイサービスなのに夜の外出プログラムがあったり、他の施設ではみられない色々なプログラムがある。」「職員は制服ではなく、めいめいが自由な服装。その方がオープンな感じがする。」「行事が多く楽しみが多い。」「多くの学校から実習生を多数受け入れし、若い学生が来てくれて、高齢者にとって嬉しい。」といったものである。

**【ボランティアから見ても利用したいと思える施設実践がある】**

　「ゆくゆくは西院デイにお世話になりたい。」という『ボランティアから見ても利用したいと思える施設実践がある』ことも理由に挙げられている。

**【職員と親しくなることに喜びを感じる】**

　「職員と交流すると職員と仲良くなる。」ことが、喜びに感じることであると挙げられている。

【ボランティアが役に立つと思わせてくれる役割がある】

　人は“必要とされること”を必要とするという言葉がある。「自分がボランティアに行くことを利用者が楽しみに待っていてくれる。」「ボランティアの役割がある（子どもと遊ぶ、ベビーカステラを作るなど）」「利用者と相談しながら、洋服や小物のブランドの立ち上げを目指している。」というこれらのラベルは、役割があり、求められ、自らの力が発揮できることそのものが喜びであることが伺える。

【居心地のいい空間がある】

　「おいでやす食堂の雰囲気が好き。（色々な人が来て賑やか、干渉がないところがかえっていいなど）」との意見から、子ども食堂としては大規模で人との関わりはそこまで濃くないが、むしろ、それが魅力という声が挙げられている。

【物的なメリットがある】

　「1人暮らしの学生ボランティアには、おいでやす食堂でカレーが食べられて助かる。」「学生ボランティアには交通費が出て助かる。」「お昼ご飯を美味しくいただいている。」という食事や交通費が支給されることで生活が助かるメリットが具体的に挙げられている。

【関わる中で介護や利用者の人となりを理解できる】

　「介護について興味がある。ボランティアをすると人間の生き様が見える。」「イベントに参加し、利用者と話すと、デイでは見られなかった人となりや考えがわかり、興味深い。面白い。」と、継続するからこそ利用者の様々な面を知ることができる興味深さ、面白さを指摘している。

【通いやすい場所にある】

　「近い場所にある。」が挙げられている。

【福祉実践の最前線を知る楽しみがある】

「最前線の福祉実践を目指している施設の行方がどうなるのかを見るのが楽しみ。」という実践の質に注目している声が挙げられている。

【ボランティアが得る精神的なメリット、楽しみがある】

ここには、大きく３つの「島」がある。『多様な人との出会いと交流ができる場』では、「おいでやす食堂に来ると、学生ボランティアは、学年・学部・学科を超えた交流ができる。」「おいでやすフェスティバルには留学生もやってくる。お茶や着物を楽しんでもらえている。」「多様なバックグラウンドの多世代の人たちと出会えるので楽しい。」「おいでやす食堂では、参加者（地域の方）やボランティアと出会えるので楽しい。」「おいでやす食堂に来ると、他大学の学生とも出会える。」というように、主に食堂やお祭りで多様な人たちとの出会いがあることが楽しみという声がある。『ボランティアをすることによる自分へのご褒美がある』では、「満足した疲れ、いい気持ちになる疲れがある。すると「また、行こう」となる。」「利用者さんから元気をもらっている。」「学生ボランティアにとって、子ども達と遊べて、純粋に楽しい時間になっている。」というように、ボランティアをすることがむしろ楽しみとなり、元気をもらい心地よい疲れが味わえるボランティアの醍醐味が表れている。『ボランティア同士が親しい関係になれる』では、「人と人との輪が好きだから（人間関係にこだわらない）。」「ボランティア同士が仲がいい。」というボランティアに行くからこそ築ける新たな人間関係、人と人とのつながりを持つことができる喜びが挙げられている。

## 6．考察

「西院」での調査からは、先行研究で見えてきた「所属感を感じるところ」が大いに現れた結果であった。それは、ボランティアの参加動機とは必ずしも一致しない、継続にとって最も影響を与える部分であった。施設の継続ボランテ

ィアの場合も、その有効性が見て取れる結果であった。また、先行研究でもあ
ったような、「"共に活動を創る"体験」や「ボランティア同士の絆」、適切に役
割を設けマネジメントされる「適材適所」、「ボランティア同士のコミュニケー
ション」「知識・技術を活かせる」「自己成長」「社会の役に立つ実感」といった
要素もKJ図からは読み取ることができる。本節では、施設で継続をするボラン
ティア自身から出された意見から質的研究で導き出された継続の理由について、
総合的に考察していく。

### （1）活動を支える環境

　以上の研究で明らかになったことの一つは、継続ボランティアを生み出し、
それを支えるためには、施設実践そのものの質が問われているという点だろう。
前述したように、ラベル群は最終的に、12の「島」に分類された。それぞれは
関連し合い、相互作用をする中で、継続ボランティアを生み出している。その
土壌となっているのは【明るく周りを惹きつけ、やる気を鼓舞するリーダーの
存在】、【ボランティアから見ても利用したいと思える施設実践がある】【しっか
りとマネジメントされた施設職員の総合力】【ボランティアが魅力を感じる、施
設が備えているストロングポイント】という、いわば施設実践そのもののクオ
リティであった。そこに、信頼感、安心感、満足感を感じ、継続するというこ
とから、どのようなことがいえるだろうか。
　一つは、明るく積極的に、自らも汗をかき実践を牽引するリーダーの姿をボ
ランティアが普段から目にしていることが大きな影響を与えていることである。
そして、そのリーダーのもと組織全体でより良い実践をしようと努力する職員
も、大きな影響を与える存在である。そこでボランティアが目にするのは、創
意工夫された多彩なプログラム、利用者が楽しむ姿、地域住民のつながる場に
もなっている、地域にも貢献する施設の様子である。ボランティアは、自分の
目に映るそうしたことをしっかりと見ていることがわかった。そして、それこ
そが、高齢者福祉施設「西院」で継続をする大きな理由として表れている。こ
のことから、リーダーや職員の業務に取り組む姿をボランティアにいかに"見

える"化するか、今後も検討の余地があるだろう。

　しかし、そもそも、ボランティア参加の有無に関係なく、施設実践の質の向上は福祉職としての本務であり、脈々と続く日々の実践をより良いものにするために、組織をあげて常に研鑽せねばなるまい。実はその部分が、継続を促す土壌となり、土壌が肥えれば、ボランティア参加の促進にも効果があると、この図6－1（143頁参照）は教えてくれている。

### （2）個人が活かされ、やりがいを感じられるプログラム

　ラベル群の中には、前節で示したような活動を支える環境とは異なる、活動する個々人が感じるやりがい、楽しみ、喜びといった部分も、多く表れていた。【ボランティアが得る精神的なメリット、楽しみがある】【福祉実践の最前線を知る楽しみがある】、【関わる中で介護や利用者の人となりを理解できる】【居心地のいい空間がある】【ボランティアが役に立つと思わせてくれる役割がある】【職員と親しくなることに喜びを感じる】という、ボランティア側が得られるメリットの部分である。

　ボランティアは無償で活動する存在で、その行動に求める報酬は賃金という金銭的なものでないことは言うまでもない。とはいえ、ボランティアが抱く欲求は昨今では多様化している。生きがいや自己実現、あるいは学習機会や仲間や居場所を求めてボランティアをする人は少なくない（日本コーディネーター協会編2015：21）。相互援助グループのもっとも強力なメカニズムの一つに、リースマンが名付けた「ヘルパー・セラピー原則」がある。この原則は、簡単にいえば、「援助する人がもっとも援助をうける」という意味である（ガードナー・リースマン1985：115）。ボランティア活動場面でも、ヘルパー・セラピー原則が作用して、結果的に担い手たるボランティアにもメリットをもたらしていた。桜井（2007：23-31）はボランティアのモチベーションには「利他主義動機アプローチ」と「利己主義動機アプローチ」、両者を超えた複合型の「複数動機アプローチ」がみられると述べている。人は何かしらのモチベーションを持って活動に参加する。それが満たされる参加の枠組みがあれば、当然継続しや

すくなる。図6-1（143頁参照）からは、今回の協力者6名それぞれの多様な欲求を満たす活動となっていることが考察できた。

このラベル群の中で、【職員と親しくなることに喜びを感じる】は、前節と強い関連があるように思える。施設の総合的な力、そこに尽力している職員と仲良くなれることそのものが喜びなのである。その職員たちと共に、ボランティアと利用者、ボランティア同士とのコミュニケーションを図り、ボランティア個々の持つ強み、得意なことを活かし、高齢者福祉施設「西院」の施設実践の役割の一つをボランティアの立場で担い、役立っている感覚が持てる。まさに、集団への帰属感をより強めることにもつながっているのではないだろうか。

### （3）参加しやすい条件整備

「西院」での調査の協力者は、20代の学生から80代の人たちである。それが故という事情も影響しているかもしれないが、【通いやすい場所にある】【物的なメリットがある】という2群は、若者・高齢者に共通してあることが確認できた。自宅や大学から近くにあり、通いやすいということは継続の何よりの強みである。また、学生から、西院おいでやす食堂の食事や交通費が挙げられ、経済的な負担感なく参加できることが継続につながると述べている。60代以上のボランティアからも、活動中に提供される食事が美味しいとの意見があった。高齢者福祉施設「西院」では、昼食時間をまたいでの活動の際はランチを提供することにしており、それをメリットとして捉え、継続しやすいという声が挙がっている。ボランティアが"このような条件があれば助かる"ということを具体的に仕組みとして整備することで、継続をサポートすることになる。

総合すると、本研究から大きくは次のことがいえるのではないか。①真摯に福祉に取り組む職員とそこで生み出される実践を地域活動の担い手であるボランティアがつぶさに見る中で、気づきを得、高齢者福祉施設「西院」を好ましく思う気持ちが醸成される。②高齢者福祉施設「西院」の職員と親しくなり、介護現場への理解も深まる。ボランティアの立場で役割を持ち、自分が活かさ

れる。人と人とのコミュニケーションや理解が広がり、楽しみ、やりがいや所属感が持てる。③交通費、食費のサポートなど参加しやすい条件整備がある。これらが相互に影響し合い融合し合いながら、高齢者福祉施設「西院」の継続のボランティア活動は成立している。特に「①」が活動継続の大きな着目点であったことは、本研究で得た知見ではないかと考える。

　地域に点在する多くの施設で、住民の継続的な活動参加を得て、地域住民の福祉活動への参加の場、住民同士のつながりあう場、施設利用者へ理解を深める場として機能していくための、一つの示唆は得られたのではないだろうか。

　ただ、今回の結果は、あくまで高齢者福祉施設「西院」に集う6名のボランティアの質的研究から導き出したものであり、研究の限界もそこにある。また、継続をしたボランティアに焦点を当てているため、活動の場が施設外の地域活動には言及できていない。全国には、様々な分野、種別、運営母体、地域性等を持つ施設があり、それぞれ継続に影響する事柄も変わってくる可能性がある。そこは今後の課題として提示しておきたい。


【注】

1)　厚生労働省は、2025（令和7）年を目途に、高齢者の尊厳の保持と自立生活の支援の目的のもとで、可能な限り住み慣れた地域で、自分らしい暮らしを人生の最期まで続けることができるよう、地域の包括的な支援・サービス提供体制（地域包括ケアシステム）の構築を推進している。自助・互助による住民相互の助け合いも期待されている。
　　https://www.mhlw.go.jp/stf/seisakunitsuite/bunya/hukushi_kaigo/kaigo_koureisha/chiiki-houkatsu/　（閲覧日2019-9-17）

2)　厚生労働省によると、社会構造の変化や人々の暮らしの変化を踏まえ、制度・分野ごとの『縦割り』や「支え手」「受け手」という関係を超えて、地域住民や地域の多様な主体が参画し、人と人、人と資源が世代や分野を超えてつながることで、住民一人ひとりの暮らしと生きがい、地域をともに創っていく社会を目指すものとされる。
　　https://www.mhlw.go.jp/stf/seisakunitsuite/bunya/0000184346.html　（閲覧日2019-9-17）

3)　高齢者福祉施設「西院」（京都市右京区）は、2017・2018（平成29・30）年の京都光華女子大学研究紀要にて、筆者と共著で「社会福祉施設が創り出すネットワーク構築の試み―京都市西院老人デイサービスセンター「おいでやす食堂」の分析から―（2018）」「地域共生を目指す居場所づくりに関する研究―京都市西院老人デイサービスセンター「おいでやす食堂」の軌跡から―（2017）」をまとめており、事業所名を論文に掲載することについても了解を得ている。

4)　これらは高齢者福祉施設「西院」がオリジナルで名付けているボランティア活動の呼称である。

**【引用・参考文献】**

**【引用文献】**

アラン・ガードナー、フランク・リースマン著、久保紘章監訳（1985）『セルフ・ヘルプ・グループの理論と実際―人間としての自立と連帯へのアプローチ―』川島書店：117-125頁

岡本榮一（1981）、大阪ボランティア協会編『ボランティア―参加する福祉―』ミネルヴァ書房：30-32頁

内閣府（2017）『平成28年度 市民の社会貢献に関する実態調査』：8頁
　https://www.npo-homepage.go.jp/toukei/shiminkouken-chousa/2016shiminkouken-chousa
　（閲覧日2019-9-17）

勝又直、芳賀博（2016）「病院ボランティアへ参加する高齢者の活動継続要因に関する研究」『老年学雑誌6』桜美林大学大学院老年学研究科：1 -14頁

川喜田二郎（1986）『ＫＪ法―混沌をして語らしめる―』中央公論社

南多恵子、河本歩美、田端繁樹（2018）「社会福祉施設が創り出すネットワーク構築の試み―京都市西院老人デイサービスセンター「おいでやす食堂」の分析から―」『京都光華女子大学京都光華女子大学短期大学部研究紀要 56』京都光華女子大学短期大学部：104頁

守本友美（2001）「社会福祉施設におけるボランティア受け入れの現状と課題」、厚生労働統計協会編『厚生の指標第58巻第5号』厚生統計協会：34頁

日本ボランティアコーディネーター協会編、早瀬昇、筒井のり子（2015）『ボランティアコーディネーション力―市民の社会参加を支えるチカラ―』中央法規出版：21頁

桜井政成（2007）『ボランティアマネジメント―自発的行為の組織化戦略―』ミネルヴァ書房：23-31頁

桜井政成（2005）「ライフサイクルからみたボランティア活動継続要因の差異」『ノンプロフィット・レビュー 5(2)』日本NPO学会：110-111頁

橘香織、石田菜月、堀田和司（2019）「障がい者スポーツのボランティア参加および活動継続に関する要因についての検討」『茨城県立医療大学紀要』：93・96頁

東京都（2017）『都民等のボランティア活動等に関する実態調査』：43-46頁
　http://www.metro.tokyo.jp/tosei/hodohappyo/press/2017/03/30/11.html　（閲覧日2019-9-17）

全国社会福祉協議会（2014）『福祉サービス第三者評価ガイドライン』：3頁

# 第7章　社会福祉施設と住民との協働の促進

## ―住民組織と高齢者福祉施設の実践例による要因分析―

## 1．研究の目的と背景

　第6章に引き続き、本章でも社会福祉施設（以下、施設）にとって、協働の
パートナーである【地域住民との関係づくり】を主題として取り上げる。前章
では、必要条件の一つであり、施設と地域との懸け橋となる存在である施設で
活動するボランティアを対象として、活動継続の要因となるものは何かを探っ
た。その結果、3つの視点が明らかになった。①真摯に福祉に取り組む職員と
そこで生み出される実践を地域活動の担い手であるボランティアがつぶさに見
る中で、気づきを得、施設を好ましく思う気持ちが醸成される。②施設の職員
と親しくなり、介護現場への理解も深まる。ボランティアの立場で役割を持ち、
自分が活かされる。人と人とのコミュニケーションや理解が広がり、楽しみ、
やりがいや所属感が持てる。③交通費、食費のサポートなど参加しやすい条件
整備がある。これらが相互に影響しあい融合しあいながら、施設の継続のボラ
ンティア活動は成立している。

　これらは、住民側からみた時に、施設内で発生するニーズに対応する住民と
の関係性に焦点を当てたものであり、そこで継続的に活動をするためのポイン
トとなるものであった。次に、施設の立地する地域で発生するニーズに対し、
施設と住民が協働する際、両者の関係性をどのように捉えていけばよいか検討
する必要がある。施設内での活動の場合と異なり、施設が立地する地域そのも
のがフィールドとなり、そこに発生するニーズは施設利用者も含まれてはいる

ものの、広く地域住民が抱える生活課題全般が対象としてなってくる。

　その促進にあたり、湯川（2018）は、施設側の具体的な取り組みのプロセスをPDCAサイクル（計画・実施・確認・処置）に沿って解説している。それは、①地域の拠点となることへの職員の理解と認識の共有、②拠点となる取り組みが安定的・効果的に実施できる体制の整備、③具体的事業の実践、④取り組みの評価と検証である。確かに事業促進のためには、PDCAサイクルに則って行うことは定石であり、いかなる事業であっても大切な流れである。しかし、あくまで標準的なモデルとして示されており、今後取り組みを開始する場合を想定したものとなる。また、全国社会福祉協議会が発行した「みんなでめざそう！地域づくりとソーシャルワークの展開」（2021）には、地域共生社会の実現に向けて、社会福祉法人・福祉施設等が地域福祉の推進を行う際に役立つ概説や実践事例が紹介されている。そこには、ニーズの発見とアセスメント、地域住民や関係機関との連携、協働による社会資源の開発といったソーシャルワークの主要な機能の活用は紹介されているが、その詳細にまでは触れられていない。

　このような背景から、いかにして関係性が構築、継続されるのか、両者が協働し地域ニーズに対応し得るのか、施設職員、住民、互いの認識を紐解きながら、両者の関係性の実態を明らかにしていきたい。そのうえで施設と住民の協働を促進するには何が必要なのかを考察していく。


## ２．本研究の方法


### （1）分析方法と実施手順

　研究方法として、施設側、住民側それぞれに半構造化インタビューを行った。インタビュー時間は各60分程度であり、場所はインタビューを依頼した施設の一室を借りた。分析方法としては、インタビューをすべて IC レコーダーで録音し、書き起こしたものを分析用のデータとした。分析は質的研究手法（箕浦

2009）に基づき、オープンコーディング、カテゴライズによる概念抽出、関連図の作成を行った。オープンコーディングでは、インタビューデータの内容を意味ごとに分割する作業を行った。カテゴライズでは、オープンコーディングによって生成された一つひとつのコードの意味間の関連を検討し、類似するコードを集め、サブカテゴリー、コアカテゴリーを見出した。さらにその結果を、時系列的に分類し、カテゴリーの意味内容との関係を整理したうえで図式化した。研究の信頼性・妥当性を確保するため、研究過程において質的研究の研究者1名よりスーパーバイズを受け検討した。

### （2）調査の対象と方法

　住民との協働実践を実施している高齢者福祉施設A（以下、A施設）の協力を得て、施設内で地域福祉推進を担ってきた職員B氏と協働する住民組織CのリーダーD氏、双方へのインタビュー調査を行った。事例の選定理由は、第3〜5章で示した社会福祉施設が地域住民と協働しながら、地域福祉に資する実践に取り組んでいる14の施設の中の一つであり、なおかつ、住民組織CのリーダーD氏へのインタビューを依頼し可能となったことから抽出した。

　A施設は中都市[1]に立地する高齢者福祉施設を中心とする社会福祉法人である。1980年代に設立されている。この地域が抱える大きな課題は人口高齢化とそれに伴う移動困難である。A施設の属する社会福祉法人では、入所施設部門、在宅福祉部門の事業に加え、保育所も運営し、地域の高齢者から児童領域にわたる福祉を担っている。A施設が立地する地区には、10年ほど前に住民組織Cが誕生し、地域住民からの制度外の生活ニーズをキャッチして活動を生み出している。住民組織Cは地縁組織ではなく、民生委員をしていたリーダーD氏のリーダーシップにより任意団体として結成されたものである。仕事を退職した後、民生委員を委嘱されたD氏のもとに寄せられる生活課題の多さ複雑さに対し、課題に応える社会資源の必要性を感じたことがきっかけであったという。住民の困り事を聞き、そこから住民側で可能なことならと移動支援や子ども食堂など多彩に実践を生み出してきた。そこには数10名の地域住民が参画してい

る。しかし、住民のみではままならない相談が寄せられ、地域の多職種が参画し、フラットに課題やアイデアを出し合い、相談の方向性を決める会議を呼びかけるに至る。近年、特定非営利活動法人にもなった。

　会議には、高齢、児童、障害分野の各施設、社会福祉協議会、医療機関、教育機関などまさに多職種の専門家が月1回、フラットに集う。ただし行政の参加はないという。制度内外のニーズを持ち寄りその方策を考えて、ニーズ対応の方向性を決める。そのため、会議では同じ地域に暮らす人たちの実名での話し合いをルールとしている。ただし参加者が守秘義務を守り、あくまでも目的のためと申し合わせをしている。地域住民の生活課題が顕在化する場であり、また、地域ぐるみで対応していこうとする専門職と住民協働とが織りなす空間である。会議の事務局も住民組織Cが行う。A施設は、毎回会議に複数メンバーで出席している。児童分野の相談のときは保育園メンバーも出席するとのことである。

　会議で挙げられたニーズに基づき、A施設と住民組織Cは、栄養バランスが偏りがちな食事が多い地域で暮らす高齢者ニーズに応えるため、栄養バランスのとれた弁当の配食サービスを始めた。A施設は厨房で作る入所者用の食事を弁当箱に詰めて原価で提供し、住民組織Cの住民メンバーが配達するという取り組みである。弁当の掛け紙には、住民メンバーからが書いた心温まるメッセージが添えられている。ほかにも、住民組織Cの拠点で行われている健康体操のボランティアグループの高齢化に伴い、その場所への移動困難に対し、A施設の送迎車を出して支援している。A施設の地域担当職員はB氏である。在宅部門や施設の生活相談員の経験を経て、インタビュー時にはA施設の施設長に就任していた。以上が、本事例の概観である。

　インタビュー項目は、A施設に対しては、①地域の基本情報について、②法人について、③地域貢献・地域交流事業のプロセス、④主担当となる職員、⑤職員の育成、⑥住民との協働による取り組み、⑦住民との協働のプロセスの中で起きた"失敗"、⑧住民との協働の取り組みのメリット、⑨関係する社会資源、⑩地域ニーズの把握、⑪今後の展望とした。住民リーダーC氏には、①地

域の基本情報について、②住民組織について、③組織の設立経緯、④施設と調整、交渉、⑤施設との協働の内容、⑥施設との協働のプロセスの中で起きた"失敗"、⑦住民との協働の取り組みのメリット、⑧今後の展望とした。

　なお、事例研究としての本研究の位置付けと限界について説明する。事例研究の方法を説くロバートK.イン（2011）は、単一ケースは、ケース・スタディを行うための一般的な設計であり、ある条件のもとではきわめて正当と認められると述べている。それは「ケースが既存理論の決定的なテストである場合」「ケースが稀かユニークな事象である場合」「ケースが新事実を明らかにする」という目的に有効な場合である。本研究では、「ケースが稀かユニークな事象である場合」に該当する事例研究として事例の分析を行う。なぜならA施設は、多くの施設がこれから目指そうという住民協働のスタイルを既に確立し実践しているからである。特定の好事例を丹念に分析することによって、本事例の固有性と、他の事例にもみられるかもしれない一般性や典型性を考察し、知見として示すことを目指す。しかしながら、イン（2011）は複数ケースから得られた証拠はしばしばより説得力があると考えられ、それゆえ研究全体はより強固であるとみなされるとも述べている。つまり、複数事例の比較検討による分析ができないという意味において、単一事例の限界性はある。以上を踏まえ本研究では、A施設と住民組織CのリーダーD氏双方のインタビューデータから得られた要因を詳細に分析・記述する。また実践の概略は本項において説明したとおりである。これらを通して、後続の研究との比較ができるようにし、いずれ一般化に導く手段的な事例研究として位置付ける。本研究で得られた知見の適応可能な範囲は一般的とまでは言い切れず、本事例と類似する地域性、施設種・規模や住民層に限られる。しかし、これまで研究されてこなかった対象に関する知見として、後続の研究のための蓄積として重要であると考える。

**（3）調査期間**

2020（令和2）年8月25日 に実施した。

## （4）倫理的配慮

　本研究のための調査は、京都光華女子大学研究倫理委員会の承認（承認番号103）（2020年7月～2022年3月）を受けてインタビューを行った。施設に対しては、研究対象者の所属する法人理事長、施設長に対し、地域担当職員へのインタビューの承諾書を得たうえで、対象者本人にも調査目的・調査方法・自由意志と拒否権、ICレコーダーへの録音、データ管理の方法、プライバシーの保護について口頭と紙面で説明をし、同意書に署名を得た。住民リーダーに対しても、B氏より承諾書を得たうえで調査目的・調査方法・自由意志と拒否権、ICレコーダーへの録音、データ管理の方法、プライバシーの保護について口頭と紙面で説明をし、同意書に署名を得た。

## ３．結果と考察

### （1）住民組織CがA施設と協働するその要因と背景

　リーダーD氏の語りからは、表7－1「住民組織CがA施設と協働するその要因と背景」にまとめられた（160頁参照）。なお、文中では、コアカテゴリーを【　】、サブカテゴリーは《　》、オープンコードは〈　〉で記した。調査対象者の語りは「＿＿」で記し、〔　〕は語りの中で省略された発言の補足をそれぞれ示している。

　①住民側に寄せられるも応えきれない過度な期待
　まず住民側の状況だが、【住民側に寄せられるも応えきれない過度な期待】が寄せられ、大きなプレッシャーを感じていた。住民組織のリーダーD氏は民生委員でもある。〈住民組織だけに地域ニーズを多職種につなげることを期待されても荷が重い〉〈住民だけで地域ニーズに応えるには日数的に限界がある〉〈地区の地域福祉計画づくりをと頼まれても簡単ではない〉〈民生委員一人でできる

ことではない〉〈住民活動が金がかからないと思っていられては困る〉という悲鳴にも似た気持ちや《住民側に寄せられる過度な期待》を寄せられても住民だけでは実際にはできない現実が背景の一つにある。民生委員活動もボランティア活動も市民の立場で行う無償の活動である。さらにＤ氏は、もともと企業マンとして定年まで勤めた経歴の持ち主で、福祉のプロフェッショナルではない。にもかかわらず、非常に高度な役割が求められる。「〔行政から〕“地域福祉計画をつくれ”と言われて。簡単につくれと言われてできるものでもない」「本当を言うと、〔本来の役割は〕社協なのですけれどね」「福祉も金がかかるのだと。福祉がタダだという概念を外さないといけないという話ですよね。」という怒りにも似た語りもあり、「〔地域福祉計画づくりに携わり〕災害が発生した時に避難支援させることは一人では不可能だ」「〔地域活動は〕全体でやらないとこれは駄目だということがわかって」、いよいよ「これは民生委員一人ではできる仕事ではないと」と語るように、住民に頼られてもできないと感じているのである。と同時に、それを是とする福祉専門職に対する憤りも見せている。

　そのような状態にもかかわらず、《掘れば掘るだけあふれ出る住民のニーズ》が後を絶たない。〈地域住民に対し、アンケートやヒアリングで地域ニーズを調査してみたらニーズが見えてきた〉り、住民組織が展開する移送サービスをし始めると〈送迎時が家庭事情やそこからの困りごとを新たに聞く時間になった〉という状況である。ニーズ調査は本格的で、「座談会を開いたり、75歳以上の人を対象にアンケート調査をしたりして、困り事はどんなことですか、みたいなことをやって、全部、困っている内容も含めて、どこでどんなことができるかというような、マトリックスの表にまとめて行動計画をつくった」と語っている。また「送り迎えをしている時に、いろいろ家庭の事情のお話をされる」との語りがあるように、活動をすればするだけ、期せずして新たなニーズを拾う様子がわかる。

　さらには、地域には《活動の妨げになるグレーなままの社会の仕組み》が横たわっていた。住民組織Ｃでは、地域ニーズに応えようと移送サービスを始めている。タクシー利用ばかりでは経済的に厳しいが、移動保障の制度は脆弱と

表７－１　住民組織ＣがＡ施設と協働するその要因と背景

| コアカテゴリー | サブカテゴリー | オープンコード |
|---|---|---|
| ①住民側に寄せられるも応えきれない過度な期待 | 住民側に寄せられる過度な期待 | 住民活動が金がかからないと思っていられては困る |
| | | 住民組織だけに地域ニーズを多職種につなげることを期待されても荷が重い |
| | | 住民だけで地域ニーズに応えるには日数的に限界がある |
| | | 地区の地域福祉計画づくりをと頼まれても簡単ではない |
| | | 民生委員一人でできることではない |
| | 掘れば掘るだけあふれ出る住民のニーズ | 地域住民に対し、アンケートやヒアリングで地域ニーズを調査してみたらニーズが見えてきた |
| | | 送迎時が家庭事情やそこからの困りごとを新たに聞く時間になった |
| | 活動の妨げになるグレーなままの社会の仕組み | 反対意見もあったが、移送サービス事業を立ち上げてみる |
| | | 本来は住民活動としてするにはリスクが高すぎるものもある |
| | | 地域にはグレーゾーンな活動もあるが、それはそれとして運用できる仕組みを作ってほしい |
| ②住民が地域活動に込める思い | 地域性を尊重した活動の心がけ | 地域性を尊重した普段の人間関係がなければ活動はできないもの |
| | 住民の目から見たまちづくりの志向 | 地域住民抜きで地域関係の政策も実現できない |
| | | できない理由をあげてばかりでは、地域はよくならない |
| | | 地域活動をやってみて、３０年後のまちを見据えて取り組まないといけないことがわかった |
| | 住民が地域活動をする効果 | 地域活動により住民側の価値観が変わる |
| | 住民が地域活動に頑張れる理由 | 地域活動は仕事として考えるのではなく、相手の評価がご褒美である |
| | | 一住民として「なんとかしなくちゃ」という気持ちがある |
| | | 地域住民でも地域社会から期待される存在としての責任がある |
| | | 地域住民は地域活動に活かせる経験やスキルを持っている |
| | | 地域福祉は楽しく、面白く、奥深い活動 |
| ③住民側からみた専門職への期待 | 高齢社会を生きる住民にとって高齢者福祉施設の存在は貴重 | 深く知りたい時に専門知識が聞ける専門家とつながりを持っていたい |
| | | 地域が高齢化する中で、高齢者福祉施設は住民の安心できる拠り所 |
| | 住民団体が専門職に求めていることがある | 住民ができる部分は入口だけで、深い部分は専門家にお願いしたい |
| | | 住民団体からすれば、相談を待つばかりではなく対外的に打って出る姿勢も求めている |
| | | 住民団体が描く理想のネットワーク図に施設が位置付いている |
| | | 住民団体が福祉専門職に求めるのは政治力 |
| | | 住民団体が福祉専門職に臨むことは高い知識と俯瞰的なものの見方 |
| | | 住民団体にはニーズに繋ぎ先としての施設の存在が不可欠 |
| | | 住民団体は、地域ニーズと対応できる社会資源をつなげる先が必要 |

| | | |
|---|---|---|
| ④多職種と地域ニーズをつなぐ住民組織へと変貌 | 住民が地縁組織の役割を担う仕組みが後押し | 社会福祉協議会の住民組織の代表は民生委員を兼ねる |
| | | 偶然就いた役割が地域に目を向けるきっかけ |
| | | 行政から「見守り会議」をやらないかと声がかかった |
| | 見守り会議が多職種による地域ニーズ検討会議に発展 | 地域ニーズに対応できる住民組織の立ち上げをすることにした |
| | | 住民団体が困らなくて済むための多職種連携の方針を決める場 |
| | | 多職種で見守る体制を作るためのツールとしての小冊子を作った |
| | | 多職種も関わる情報交換会に進展する |
| | | 見守り会議が住民団体と多職種の協働連携の源泉 |
| | | 見守り会議の場に多職種が関わると、他分野のニーズも見えてくる |
| | 地域ニーズから実践に変えていく住民組織の力 | 住民からの「困った」があれば何でも対応していた |
| | | 同じ住民でも地域住民の困りごとをキャッチするセンサーがないと拾えない |
| | | 地域ニーズなら何でも受け止める何でも屋さん |
| ⑤住民と施設の協働関係 | 施設との協働実践のきっかけ | 地域の独居高齢者の食事ニーズに応えてくれたのが特別養護老人ホームだった |
| | | 会議でお弁当配達のニーズが出てきたことが協働事業の始まり |
| | ボランティア受け入れや行事など普段からの付き合いが信頼関係の基礎 | 毎年住民向けに施設見学を開催して開いていたことが功を奏す |
| | | もともと施設と民生委員との長い付き合いがある |
| | | もともと施設がボランティア受け入れを熱心にしていたので住民から信頼が持てた |
| | 地域活動に理解ある話しやすい職員の存在があった | 住民のために行動する職員だと認識できる人がいると協働しやすい |
| | | 住民活動に熱心な職員がいない時期には関係がなかった |
| | | 地域担当職員は優しくて何でも相談しやすい人がよい |
| | | 施設長が住民活動に理解がある人だと話がしやすい |
| | 住民と施設の協働関係は1日にしてならず | 住民と職員の接点を増やし人となりを知る機会が大事 |
| | | 信頼する施設職員とは行事などで相当前に出会っていた |

いう、いわゆる制度の狭間にあたる部分である。「外出支援のようなボランティアをやっているのですけれど、それでは人が増えていかない。ボランティアにリスクが大きすぎる」と語るように、運転にはリスクも伴う。〈本来は住民活動としてするにはリスクが高すぎるものもある〉と認識しつつ、〈反対意見もあったが、移送サービス事業を立ち上げてみる〉こととなったという。〈地域にはグレーゾーンな活動もあるが、それはそれとして〔地域住民が安心して移送サービスに取り組める〕運用できる仕組みを作ってほしい〉と切望する。いわゆる

制度の狭間に陥ったニーズに応える公的機関や専門職がおらず、地域住民がリスクを抱えながら実践する他ない状況への矛盾が滲んでいる。

②住民が地域活動に込める思い

だが、そのようなD氏が考える【住民が地域活動に込める思い】がある。D氏の居住地は旧市街ではなく新興住宅地の側にあり、これまでの地域の歴史を尊重せねばならないし、民生委員に就任したのも定年退職後となれば、地域活動のメンバーの中では新人にあたる。つまり、《地域性を尊重した活動の心がけ》抜きに、活動は成立しないことを熟知している。空間的に集中し、密度が濃く、親族や隣人等の同質的で強いつながりのある〈地域性を尊重した普段の人間関係がなければ活動はできないもの〉という地縁社会への理解が求められる。次に、〈地域住民抜きで地域関係の政策も実現できない〉〈できない理由をあげてばかりでは、地域はよくならない〉〈地域活動をやってみて、30年後のまちを見据えて取り組まないといけないことがわかった〉というような《住民の目から見たまちづくりの志向》がある。先を見据えた地域づくりを、住民とともに行うこと、困難でも前進する姿勢が重要だという考え方である。そして、住民が地域活動に参加すれば《住民が地域活動をする効果》が現れる。つまり〈地域活動により住民側の価値観が変わる〉のである。D氏のいう《住民が地域活動に頑張れる理由》とは〈地域活動は仕事として考えるのではなく、相手の評価がご褒美である〉〈一住民として「なんとかしなくちゃ」という気持ちがある〉〈地域住民でも地域社会から期待される存在としての責任がある〉〈地域住民は地域活動に活かせる経験やスキルを持っている〉〈地域福祉は楽しく、面白く、奥深い活動〉というように、住民にとっても気概や責任感を持ち、得意なことを活かしやりがいを持ってできることである。「私は、"これは何とかせな"と思うわけではないですか」「小さい子どもの遊びでも何でもやってきましたので。ほとんどのことができる。料理はできるし、大工仕事はできるし。それこそ、やくざ相手に示談もできる」「仕事として考えないからでしょうね。ですから、私は、対価は評価でもらっているだけで、金銭的対価はもらっていない」

162

「地域福祉は楽しいですし、おもしろいですよ。奥深いです」との語りからもわかる。またD氏自身にこれまで培ってこられた様々な力、例えば、料理等の生活上のスキルはもとより、福祉ニーズに触れ何とかしたい気持ちになる、リーダーシップ、組織運営力、交渉力などもあることもわかる。

　③住民側からみた専門職への期待

　次に【住民側からみた専門職への期待】だが、1つ目は「高齢者の方から見たら、ここに施設があることは、将来、要は、逃げ場というか、行く場所があるという意味では安心感がある」「深くわかろうとすると、その人〔施設職員〕のところへ行って、"ちょっと教えてくれへん？"と聞きに行く〔ことができる〕」という語りがあるように、〈高齢社会を生きる住民にとって高齢者福祉施設の存在は貴重〉〈深く知りたい時に専門知識が聞ける専門家とつながりを持っていたい〉といった《地域が高齢化する中で、高齢者福祉施設は住民の安心できる拠り所》である。そして、2つ目は《住民団体が専門職に求めていることがある》ことだという。それは、〈住民ができる部分は入口だけで、深い部分は専門家にお願いしたい〉〈住民団体からすれば、相談を待つばかりではなく対外的に打って出る姿勢も求めている〉〈住民団体が描く理想のネットワーク図に施設が位置付いている〉〈住民団体が福祉専門職に求めるのは政治力〉〈住民団体が福祉専門職に臨むことは高い知識と俯瞰的なものの見方〉〈住民団体にはニーズにつなぎ先としての施設の存在が不可欠〉〈住民団体は、地域ニーズと対応できる社会資源をつなげる先が必要〉と多岐にわたる。「われわれは、あくまでも情報を得て、困っている人たちにどうつなげるかという仕事をしている」「政治力を持たないとあかん」との語りから、同じ地域住民としてSOSはキャッチするが、つなぐためのソーシャルサポートネットワークが機能していなければたちまち困ってしまうし、その構築のためにはマクロソーシャルワークも駆使した働きかけを期待していることがわかる。

④多職種と地域ニーズをつなぐ住民組織へと変貌

　次に、A施設が地域ニーズと出会うための重要な仕組み【多職種と地域ニーズをつなぐ住民組織へと変貌】したことが功を奏した。住民組織Cは住民ニーズをキャッチするだけに留まらず、多職種が集えるケース検討の場の創出にまで貢献している。そのことが、施設との協働に留まらない地域福祉推進の源になっている。そのきっかけとなったのは、《住民が地縁組織の役割を担う仕組みが後押し》したことであるという。同市では、〈社会福祉協議会の住民組織の代表は民生委員を兼ねる〉ことになっており、〈偶然就いた役割が地域に目を向けるきっかけ〉になったとのこと。さらに「<u>高齢者で困っている人の情報交換みたいな、見守り会議をされませんかといって声がかかって。地域福祉課のほうからお声がかかった</u>」というように〈行政から「見守り会議」をやらないかと声がかかった〉という。そこからD氏は《見守り会議が多職種による地域ニーズ検討会議に発展》させる動きをみせる。〈地域ニーズに対応できる住民組織の立ち上げをすることにした〉、〈住民団体が困らなくて済むための多職種連携の方針を決める場〉〈多職種で見守る体制を作るためのツールとしての小冊子を作った〉〈多職種も関わる情報交換会に進展する〉〈見守り会議が住民団体と多職種の協働連携の源泉〉〈見守り会議の場に多職種が関わると、他分野のニーズも見えてくる〉というように、分野を問わず、住民も専門職も入り混じってのフラットなケース検討会議のような場として成長を遂げる。社会資源がなければ、《地域ニーズから実践に変えていく住民組織の力》を発揮して、住民組織Cは「<u>何でも屋さんです</u>」という語りからもわかるように、〈地域ニーズなら何でも受け止める何でも屋さん〉としての機能も拡大させていく。当初は移動支援から始まった活動でも〈同じ住民でも地域住民の困りごとをキャッチするセンサーがないと拾えない〉という認識から次々とニーズを会議の場に挙げて、〈住民からの「困った」があれば何でも対応していた〉。

　この仕組みは、今回の実践の肝ともいうべきポイントで、この場がなければA施設との協働は生まれていない。形式だけの会議では決してない、新たなケースマネジメントやコーディネーション、社会資源の開発などにつながる源泉

ともいえる核たる場である。

### ⑤住民と施設の協働関係の礎

　このような土壌が整いつつあるうえで、ついに【住民と施設の協働関係の礎】が果実を生む。《施設との協働実践のきっかけ》は、〈会議でお弁当配達のニーズが出てきたことが協働事業の始まり〉である。住民組織Cがキャッチした〈地域の独居高齢者の食事ニーズに応えてくれたのが特別養護老人ホームだった〉ということが接点となる。配食は住民組織Cが行い、弁当提供をA施設が引き受けたのである。D氏は「会議でどんな活動ができるかなということで、みんなで検討して、“お弁当の配達をしようか”という話になって、それでやることになった」と語っている。この関係が築けた背景は、単に食事提供しただけではなく、《ボランティア受け入れや行事など普段からの付き合いが信頼関係の基礎》になっている。例えば、A施設は〈毎年住民向けに施設見学を開催して開いていたことが功を奏す〉〈もともと施設と民生委員との長い付き合いがある〉〈もともと施設がボランティア受け入れを熱心にしていたので住民から信頼が持てた〉という“もともと”地域とつながり作りに努力してきた経緯や、《地域活動に理解ある話しやすい職員の存在があった》ことも大きかったという。〈住民のために行動する職員だと認識できる人がいると協働しやすい〉〈住民活動に熱心な職員がいない時期には関係がなかった〉〈地域担当職員は優しくて何でも相談しやすい人がよい〉〈施設長が住民活動に理解がある人だと話がしやすい〉というように、住民から慕われ頼られる職員の有無が大きな影響を及ぼしている。D氏は「〔協働関係ができたのは〕多分、私とBさんの関係が強いと思います。もともとBさんは高齢者支援センターにおられて。その頃に、私は世話になっているのです」「そのときからの関わりで、Bさんが施設長になって僕は逆によかった」「優しい人。Bさんは優しいよ」と語っている。このように《住民と施設の協働関係は1日にしてならず》ということがわかった。〈住民と職員の接点を増やし人となりを知る機会が大事〉な点であり、〈信頼する施設職員とは行事などで相当前に出会っていた〉ことが遠因となっている。

このことから、地域住民と専門職という立場の異なる異質な者同士が出会い、ニーズに対してミーティングの中で弁当配達へと昇華させ、プログラムをクリエイトする力なくして協働は生まれないということや、そもそも協働以前に、常日頃から出会いの場をもち信用に足る相手だと認識していたかが重要だと考えられる。

### （2）A施設が住民組織Cと協働するその要因と背景

　職員B氏の語りからは、表7-2「A施設が住民組織Cと協働するその要因と背景」にまとめられた。記述の仕方は前項と同じである。


①地域の土地柄と抱える課題
　【地域の土地柄と抱える課題】が前提として挙がった。それは《地域の住民性》である。「<u>ニュータウンに来た方と、旧市民といいますか、もとからいる方が一緒に何かやっていかなあかんよねというところは、ほかの地区に比べると意識されているというか、そういうお土地柄</u>」や「<u>自分の住んでいる地域のことだから、人に頼る前に、自分らで何とかせなあかんやろうという思いがすごくありはる感じは受けるんですね</u>」というように、〈住民側に、自分の住む地域のことは人に頼る前に自分たちでなんとかしたいという思いがある〉〈たまたま、新旧住民が一緒にやっていこうという土地柄があった〉とのことであった。だがしかし、この地域でも《住民が抱える地域課題》として、〈地域の大きな課題は、住民の高齢化〉〈住民の高齢化に伴い、移動困難な住民が増えてきているのも地域課題〉からは逃れられない。
　B氏の見立てでは同市内でも《地域の住民性》は多様であり、当該地区と同様ではないという。当該地区の持つ《地域の住民性》という強みを専門職が認識し、関わり続けた先に今回の協働が生まれた。


②施設設立以来の地域住民との関係性
　A施設はもともと【施設設立以来の地域住民との関係性】を構築してきた。

《施設と住民との間で培っていた関係性》とは、〈以前から、祭りなどで住民と顔を合わせ挨拶を交わす機会はあった〉〈施設利用者のニーズには、施設設立以来受け入れている施設ボランティアが対応してくれている〉〈創業者は地域の名士で、もともと地域とつながりや信頼があった〉というように、以前から信頼関係があったことも大きい。実は、A施設には《住民との信頼関係の再構築が必要》な時期があった。〈法人内でトラブルがあり、経営危機が起きた〉〈経営立て直しの際、地域住民代表者を役員に参画していただいた〉ことがあり、その時「〔A施設の〕法人を何とかというようなところで、Dさんが中心になって、地元で署名を集めてくださったのです」というように、〈経営が厳しかった頃に施設の存続を願う住民の署名活動があり、非常にありがたかった〉という感謝の気持ちがA施設側にはある。

③担当職員の地域活動に対する確固たる考え

　法人全体の考えではなく、職員B氏の考えという意味だが、【担当職員の地域活動に対する確固たる考え】がある。「私自身がもともと相談員をやっていたり、〔地域〕包括〔支援センター〕の前身の在宅介護支援センターのソーシャルワーカーを長くやっていたので、もともと地域づくりとかはすごい必要だなとずっと思っていて」「そのときの経験から言ったら、地域に飛び込んで、一緒に動いて、一緒に何かやらないと、〔職員の言うことは〕開いてくれない」というように、《担当者が在宅福祉部門を経験して得た地域活動に対する知見》があった。〈在宅部門の勤務時代に実施した健康づくり教室の卒業生がボランティアグループ化した経験があった〉り、〈かつて相談員や在宅部門のソーシャルワーカー経験があったので、もともと地域づくりの必要性は強く感じていた〉〈在宅部門の経験から、協働のポイントは施設職員側が地域に飛び込んで一緒に動くことと思っている〉職員B氏が培った経験知が地域担当職員のベースになっている。さらに、《施設が地域活動をするなら、地域に出かけ、一緒に活動をすることが欠かせないという考え方》も大事にしている。〈住み慣れた地域で安心して暮らしてもらう地域づくりは住民と一緒に動くことが大事と思っていた〉〈法人

### 表7-2 A施設が住民組織Cと協働するその要因と背景

| コアカテゴリー | サブカテゴリー | オープンコード |
|---|---|---|
| 地域の土地柄と抱える課題 | 地域の住民性 | 住民側に、自分の住む地域のことは人に頼る前に自分たちでなんとかしたいという思いがある |
| | | たまたま、新旧住民が一緒にやっていこうという土地柄があった |
| | 住民が抱える地域課題 | 地域の大きな課題は、住民の高齢化 |
| | | 住民の高齢化に伴い、移動困難な住民が増えてきているのも地域課題 |
| 施設設立以来の地域住民との関係性 | 施設と住民との間で培っていた関係性 | 以前から、祭りなどで住民と顔を合わせ挨拶を交わす機会はあった |
| | | 施設利用者のニーズには、施設設立以来受け入れている施設ボランティアが対応してくれている |
| | | 創業者は地域の名士で、もともと地域とつながりや信頼があった |
| | 住民との信頼関係の再構築が必要 | 経営が厳しかった頃に施設の存続を願う住民の署名活動があり、非常にありがたかった |
| | | 法人内でトラブルがあり、経営危機が起きた |
| | | 経営立て直しの際、地域住民代表者を役員に参画いただいた |
| 担当職員の地域活動に対する確固たる考え | 担当者が在宅福祉部門を経験して得た地域活動に対する知見 | 在宅部門の勤務時代に実施した健康づくり教室の卒業生がボランティアグループ化した経験があった |
| | | かつて相談員や在宅部門のソーシャルワーカー経験があったので、もともと地域づくりの必要性は強く感じていた |
| | | 在宅部門の経験から、協働のポイントは施設職員側が地域に飛び込んで一緒に動くことと思っている |
| | 施設が地域活動をするなら、地域に出かけ、一緒に活動することが欠かせないという考え方 | 住み慣れた地域で安心して暮らしてもらう地域づくりは住民と一緒に動くことが大事と思っていた |
| | | 法人は地域に出向き、色々なことをやっていかないといけないという考えがあった |
| 法改正という大きな流れ | 社会福祉法改正による地域貢献の義務化の流れ | 以前から考えてはいたことだが、社会福祉法の改正もきっかけの1つにはなった |
| 施設が地域ニーズに出会うことができる地域内の仕組み | 施設の強みを活かせる地域ニーズをキャッチして実効する | 地域ニーズの中で対応できることが配食されるお弁当の提供だった |
| | 住民も交えた分野横断型の地域課題を出し合い方針を決める会議の場 | 住民側からの呼びかけで、住民・専門職が一堂に集まり話ができる場を創りたいと呼びかけがあった |
| | | 住民側の呼びかけが分野横断型の地域ケア会議拡大版のような会議を実現した |
| | | 住民、福祉・医療・教育関係者すべてが集まる地域課題を話し合う会議の場 |
| | | 会議はニーズのマッチングの場になっている |

| 住民主体と住民のエンパワメントを尊重した姿勢で関わる | 住民の主体性を尊重し、上手に巻き込まれることを意識した施設側の関わり | 法人や関係者の素知らぬ振りを打ち破るのは住民側の声 |
|---|---|---|
| | | 住民側が施設をうまく引き入れてくれた |
| | | 住民組織側の呼びかけに「できることは何でもする」と応えた |
| | | 在宅部門の経験で得た、地域活動はスーパーな住民リーダーがいる時に進む経験則を活かす |
| 法人一丸で地域活動に関われるような工夫 | 法人の方針と一致させている | 施設が住民から信用を得るには、地域に出ていき地域住民が求めていることをすることだという確信 |
| | | 地域の福祉力をあげるために、地域の専門職の力もあげていく好機にできる |
| | | 住民との協働を法人価値として高め、働く職員にプライドをもってもらいたい |
| | | 法人の事業計画に、地域の福祉力を高めることを位置付けている |
| | 施設職員に求められる地域アプローチ力の育成 | 住民との協働は、市民感覚と専門職が考える福祉の間のズレを問いかける場 |
| | | 現場職員の地域活動への提案はなるべく了解して挑戦してもらうようにしている |
| | | 役職者には、地域活動への理解やアプローチができるようになってほしい |
| | 法人内の複数の事業所とその機能の総合力で応えることができる | 法人内の事業所の特徴を生かし、分担しながら地域活動にアプローチしている |
| | 職場内教育やマネジメントをする中で、職員理解を深める | 地域活動を担当する職員の作業量に無理が生じないようなマネジメントを意識している |
| | | 施設職員も地域活動を一緒にする経験がなければ地域理解は難しい |
| | | 弁当作りの意義目的を厨房の職員に説明し、施設の役割を理解してもらう |
| ソーシャルワークを実践する | 地域ニーズに応える実践を生み出すソーシャルワークに依拠した考え方 | 住民側から「助けて」と言われたら「はい」と答える姿勢 |
| | | 地域住民が施設に求めることは理屈抜きにしていかないといけないと考えていた |
| | | ソーシャルワークの考えを念頭に、施設独りよがりではなく地域ニーズに合うことをしたかった |
| | ミクロなニーズに応えるだけでなく、メゾ、マクロへのアプローチへとつながる | 住民組織との連携で行政に対しても意見を伝えることもある |
| 住民協働の基本原則 | 地域活動の肝は、「住民と一緒に活動をする」こと | 施設と住民との協働がうまくいっているのは、住民と一緒にやれているからに尽きる |

は地域に出向き、色々なことをやっていかないといけないという考えがあった〉という考えを、在宅部門の経験が職員Ｂ氏の中に育んでいた。社会福祉法人として、地域の機微を読む力を養った人材を育成していたことと、その後の適材適所の配置が要因の一つにあることがわかる。

　④法改正という大きな流れ
　職員Ｂ氏には【法改正という大きな流れ】以前から地域志向の考えはあったが、《社会福祉法改正による地域貢献の義務化の流れ》が、〈以前から考えてはいたことだが、社会福祉法の改正もきっかけの１つにはなった〉には違いないとのことであった。従来から地域志向の展開を意識していたＡ施設にとって、法改正がむしろ自らの考え方にようやく接近し追い風となった可能性がある。

　⑤施設が地域ニーズに出会うことができる地域内の仕組み
　【施設が地域ニーズに出会うことができる地域内の仕組み】があることで、それに応えるサービスが展開できる。そのためには、まず《施設の強みを活かせる地域ニーズをキャッチして実行する》きっかけになったのは〈地域ニーズの中で対応できることが配食されるお弁当の提供だった〉とのことである。住民組織Ｃが立ち上がり、《住民も交えた分野横断型の地域課題を出し合い方針を決める会議の場》が生まれた。そして、〈住民側からの呼びかけで、住民・専門職が一堂に集まり話ができる場を創りたいと呼びかけがあった〉〈住民側の呼びかけが分野横断型の地域ケア会議拡大版のような会議を実現した〉〈住民、福祉・医療・教育関係者すべてが集まる地域課題を話し合う会議の場〉〈会議はニーズのマッチングの場になっている〉という仕組みが誕生したことにより、ニーズマッチングにまでつながっている。「Ｄさんは、地域ボランティアグループのＣという送迎ボランティアをやったり、家にいて、何でも屋みたいなお手伝いをしてくださるようなボランティアグループを作られていたのですね。そこにいろいろなニーズが集まってきていて、これをみんな関係する職員、関係する地域の人も専門職もみんなが一堂に集まって、話をできる場を作らないと、と思

いはって、皆を集めはったんですね」「もう高齢者のこと、障害者のこと、子供のこと、地域の福祉の問題に関することは、もう一手にここの場で話をしようやみたいな。だから、本当に国が言っている地域ケア会議をさらにグッと大きくしたみたいな」という語りからわかるように、行政でもなく施設でもなく社会福祉協議会でもなく、住民組織Cからの呼びかけでできている。その分、分野、対象に縛られることなく、今まさに地域で起きているニーズに関係者で向き合える専門職側からすれば待望の仕組みが生まれることになった。

⑥住民主体と住民のエンパワメントを尊重した姿勢で関わる

職員B氏は在宅部門の経験値を持つ職員である。地域活動の鍵は【住民主体と住民のエンパワメントを尊重した姿勢で関わる】と心得ていた。つまり《住民の主体性を尊重し、上手に巻き込まれることを意識した施設側の関わり》という専門職ならではの関わりである。〈法人や関係者の素知らぬ振りを打ち破るのは住民側の声〉〈住民側が施設をうまく引き入れてくれた〉と、D氏の発信を梃に新たな仕組みづくりをサポートし、施設Aとしては〈住民組織側の呼びかけに「できることは何でもする」と応えた〉〈在宅部門の経験で得た、地域活動はスーパーな住民リーダーがいる時に進む経験則を活かす〉ことに努めた。B氏の語りからは「これは私の在介〔在宅介護支援センター〕をやっていたときの経験からいくと、地域はスーパー民生委員さんとか、スーパー自治会長さんとかがいらっしゃる間にガッと進むけど、その方がいなくなったら緩やかに落ちていって、また次のスーパーな方が出たらガッと進むというのが、私の経験則はそんな感じで、（D氏の提案に対し）あっ、スーパーな方がいらっしゃる」「私なんかは逆にそこが、法人としては何かしたいけれど、そういう方がいらっしゃったら、もうすごいありがたいですよね。（住民から）"こんなのしてくれへんか"と言うてくれはる方が」と、この機を掴みD氏と連帯しようと動いた様子が伺える。

⑦法人一丸で地域活動に関われるような工夫

施設と住民協働の取り組みは職員B氏の思いだけで実現することではない。【法人一丸で地域活動に関われるような工夫】が取り組めたから成功している。まず《法人の方針と一致させている》ことが挙げられる。職員B氏のこれまでの経験値は法人方針にも現れており、〈施設が住民から信用を得るには、地域に出ていき地域住民が求めていることをすることだという確信〉〈地域の福祉力をあげるために、地域の専門職の力もあげていく好機にできる〉〈住民との協働を法人価値として高め、働く職員にプライドをもってもらいたい〉〈法人の事業計画に、地域の福祉力を高めることを位置付けている〉というように、地域活動をすることを業務に位置付けている。職員B氏は、「うちのことしの法人の事業計画の方針は、地域に対して地域の福祉力を上げるみたいな。うちの法人が上げるんやでというのが、事業方針なのですね。コロナでもう全然できへんやと思っているのですけれど、ある方に言われたのは、"社協さんの計画みたいですね"と言われた」と語っている。

同時に、《施設職員に求められる地域アプローチ力の育成》にも努めている。「(中略)"Dさんが言っていることは、ちゃんと〔職員の〕心に留めておきや。あの命はすごい大事やねん。だからといって何でもかんでも、我々は専門職だから守秘義務を守らなあかんし、ノーと言われたら、言われへん。それはもうプロだから、そういうもんや。だけど、そこをどうやったら、うんと言うてくれるかというところで。うんと言うてくれんかったから仕方がないですかじゃなくて、うんと言ってもらえる関わりは、どうしたらできたんだろうというのは、よう考えや"という話は(中略)〔職員に対し〕言った」との語りからもわかるように〈住民との協働は、市民感覚と専門職が考える福祉の間のズレを問いかける場〉として捉え、専門職のあり方を問いかけたり、〈現場職員の地域活動への提案はなるべく了解して挑戦してもらうようにしている〉〈役職者には、地域活動への理解やアプローチができるようになってほしい〉と要望するなどをして専門性向上を意識している。

また《法人内の複数の事業所とその機能の総合力で応えることができる》よう、〈法人内の事業所の特徴を生かし、分担しながら地域活動にアプローチして

いる〉ようにしている。つまり、在宅部門と入所部門、高齢分野、児童分野の
持ち味を活かし、総合力が発揮できるようにしている。さらに《職場内教育や
マネジメントをする中で、職員理解を深める》ことも怠らない。〈地域活動を担
当する職員の作業量に無理が生じないようなマネジメントを意識している〉〈施
設職員も地域活動を一緒にする経験がなければ地域理解は難しい〉〈弁当作りの
意義目的を厨房の職員に説明し、施設の役割を理解してもらう〉

　A施設の社会福祉部門でも、法人内マネジメントには相当腐心している様子
が伺える。在宅部門の職員ならば地域住民と常日頃接する機会があり、職員B
氏のような志向や技術を培う必要性もあれば研修などもある。だが、入所部門
の職員ならば意図的に機会を設けなければ知る機会はほとんどない。一部の職
員だけの関わりで終わらすことなく、法人ぐるみで取り組める土壌づくりが職
員B氏が施設長となったことで着手できている。このことから、職員B氏とD
氏の度重なる出会いは単なる偶然の産物ではなく、職員B氏が同一法人で働き
続けることができていたことで生まれたものだ。離職率の高さ[2]が常々問われ
る福祉業界だが、働き続けることができる環境であったことも成功した遠因だ
ろう。


　⑧ソーシャルワークを実践する
　実際に住民協働の取り組みを実践することは、すなわち【ソーシャルワーク
を実践する】ことである。職員B氏は《地域ニーズに応える実践を生み出すソ
ーシャルワークに依拠した考え方》を原則に置いていた。つまり〈住民側から
「助けて」と言われたら「はい」と答える姿勢〉〈地域住民が施設に求めること
は理屈抜きにしていかないといけないと考えていた〉〈ソーシャルワークの考え
を念頭に、施設の独りよがりではなく地域ニーズに合うことをしたかった〉と
いう点である。また、「Dさんのところ〔住民組織C〕が、〔新拠点を〕出せた
らいいなというところで、今、行政にもちょっと出せるのか、出せへんのかと
いうのを〔A施設からも〕打診したりもしているので、そういったところを言
っていまして」という語りからもわかるように、《ミクロなニーズに応えるだけ

でなく、メゾ、マクロへのアプローチへつながる》こと、つまり〈住民組織との連携で行政に対しても意見を伝えることもある〉も含めたソーシャルワークが実践されていた。

　⑨住民協働の基本原則

　職員Ｂ氏の【住民協働の基本原則】は、《地域活動の肝は、「住民と一緒に活動をする」こと》である。〈施設と住民との協働がうまくいっているのは、住民と一緒にやれているからに尽きる〉とし、「<u>市内では、〔同様の実践例は〕あんまりないですね。私も県内のケアマネさんとか、包括の方と結構いろいろなところでつながっているので、話を聞きますけれど、やっぱりどこへ行っても、うちの地域はもう胸を張って、よくやれている。まあでも、うちがよくやっているのよりも、地域の方と一緒にうまくやれているというのが一番だと思うんですけれど</u>」と語っている。“地域の方と一緒にうまくやる”には、当然だがそのためのプレーヤーが揃わねばならない。Ｄ氏は企業の定年退職後に地域活動に参加された。その後、一市民には任が重いと感じる期待を次々と寄せられて苦慮されていた。その意味では、地域活動への参加の支援の脆弱さが伺える。Ｄ氏はそこから住民組織Ｃを立ち上げ、“地域の方と一緒にうまくやる”仕組み、《住民も交えた分野横断型の地域課題を出し合い方針を決める会議の場》をも設けて、また専門職への呼びかけや運営まで担う働きを見せているが、そこまでを地域住民側に委ね、機能する仕組みにも危うさが見え隠れする。住民組織Ｃは、あくまで地域住民主体の組織であり、安定的継続的な運営が続くのかどうか、運営基盤や予算も厳しい住民組織に依拠せねば協働できない既存のソーシャルサポートネットワークの弱さを皮肉にも露呈したのではないだろうか。

## 4．総括

　分析の結果、協働関係の開始前と後でそれぞれの問題認識や動きに特徴がみられた。今回の分析結果を図７－１に示す。なお図中の【 】は分析より抽出し

たコアカテゴリーを、実践矢印は分析より洞察された概念間の因果を、破線矢印はA施設と住民組織Cとの課題に関する関係性を現している。

　以下では、A施設と住民組織C双方のインタビューの分析に基づき、その協働を強力に促進した要因として次の8点を提示する。

① 高齢化による生活課題の顕れという生活課題は顕在化してきたものの、主

図7－1　A施設と住民組織Cの協働関係に関する要因

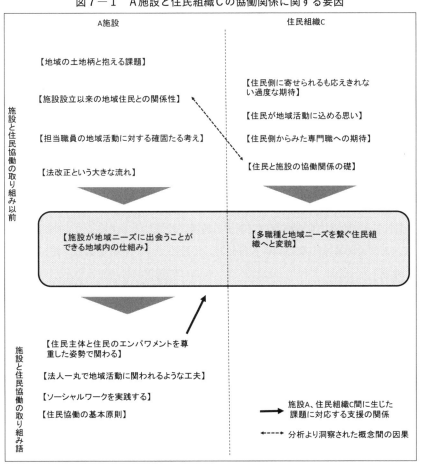

体的に自らの地域課題をなんとかしようという民度の高い住民がいる地域
性が育まれていたこと

② 社会福祉法人設立以来、行事やボランティアなどで、地域住民との関係を
育んでいたこと

③ 危機感を覚えた住民リーダーD氏が自身の持てる力を地域活動に注ぎ、新
たな社会資源の開発にまで発展させたこと、そして、住民組織の側が、多
職種連携ができる会議を呼び掛けたこと

④ 社会福祉法人内で在宅部門を経験した職員の経験値を評価し、地域担当職
員として任用したこと、またその職員が管理職に就いたこと

⑤ 地域担当職員に地域活動におけるソーシャルワークの知見が備わっていた
こと

⑥ 地域担当職員に地域活動の機微を捉える力が備わっていたこと

⑦ 社会福祉法人をあげて、地域活動に取り掛かれる風土づくりや職員育成に
注力していること

⑧ 地域活動をリードする住民の参加支援、地域活動への法人側のサポートが
うまくマッチしたこと


　「①」は、偶然にもA施設の立地する地域の地域性として有していた特徴であ
り、あくまでも本事例における条件として抽出できたものである。だが、「①」
と連動して「③」が作用しなければ、今回の協働実践は生まれていない。一方
で、A施設を擁する社会福祉法人でも、在宅部門を経験し地域活動の機微を掴
むことができ、ソーシャルワークの知見を有する職員B氏のキャリアは極めて
大きな要因である。協働が作用し始めると、社会福祉法人一丸で地域福祉の推
進へと向かえるよう法人内の基盤を整えて、施設職員も地域福祉の推進主体の
一翼が担えるようマネジメントに注力されている。これらは社会福祉法人設立
から30年以上の年月をかけて形成された一つの協働モデルである。

　最後に、B氏、D氏の語りから、地域福祉の担い手たる主体形成について、
そして、地域福祉行政のあり方について考察する。B氏の言葉を借りれば"スー

パー住民"のD氏が実践の立役者の一人に違いなく、地域福祉の世界に誘われ、過度な負担だと認識しつつも地域のためにと地域活動に参画され、社会資源の創設にまで尽力している。それゆえ、地域づくりのコーディネート機能が機動しているわけであるが、そのD氏にして、地域福祉を推進していくための学びの機会、専門職からのサポートの少なさや住民に過度な期待が寄せられることへの憤りが現れていた。これは、住民の主体形成やソーシャルサポートネットワークにおける観点からは課題として捉えられる。例えば、移送サービスというリスクを伴う実践は住民組織Cが担い、D氏に多職種連携ができる会議を作るきっかけとなる言葉をかけたのは行政地域福祉課の職員ということが語られているが、調査時には、行政担当課職員は会議に参加していない。

　厚生労働省が進める地域共生社会の実現に向け、「地域共生社会に向けた包括的支援と多様な参加・協働の推進に関する検討会」の最終とりまとめが2020（令和２）年に発表されている。そこには、地域づくりを展開するためのコーディネート機能を担う人材育成も言及されている。だが、地域づくりのコーディネート機能の整理において、これまでの地域支援を担ってきた人材との関係が明確になっているとはいえないとの指摘もある（平野2020：47-51）。

　本事例からも示唆される地域づくりのコーディネート機能を担う人材の整理や育成について、本章では課題として述べるに止める。しかし、これから本格的に重層的支援体制整備事業も展開される中で、既にある地域のつながりや支え合う関係性を十分理解し、担い手たる地域住民の主体性は尊重しつつもエンパワメントする姿勢で臨めているかどうか、地域住民や一部の専門職にのみ役割を依存した運用になっていないか、市町村における福祉行政の適切な関わりなど、どのように進展するのかを明らかにする研究が必要になるだろう。

## ５．本研究の限界

　本研究は、単一事例の詳細な分析より抽出したものであり、一般的なものとして扱うことができない。知見の適応はあくまでも、地域性や住民リーダーの

有無、社会福祉法人や職員の状況などが類似する事例に限定されるだろう。しかし、これまで検討されてこなかった施設側、住民側の双方の語りを分析し、そのうえで協働を促進する要因に関する知見であり、これからの足掛かりとして重要であると考える。今後も同様の事例分析を積み重ねることにより、前節で触れた課題とその解決に向けた方法を追求したり、精緻化したりすることが求められる。

**【注】**

1) 総務省『令和3年版地方財政白書』による。都市とは、政令指定都市、中核市及び施行時特例市以外の市をいい、中都市とは、都市のうち人口10万以上の市をいい、小都市とは、人口10万未満の市をいう。
　　https://www.soumu.go.jp/menu_seisaku/hakusyo/chihou/r03data/2021data/yougo.html （閲覧日2021-12-13)

2) 公益財団法人介護労働安定センターが実施した『令和2年度「介護労働実態調査」結果』によると、令和元年10月1日から令和2年9月30日までの1年間において、2職種計（訪問介護員、介護職員）の離職率は14.9%（15.4%）で、離職率14.9%は、前年度と比較して離職率は0.4ポイント低下した。これは、全産業の平均離職率15.6%（厚生労働省令和元年雇用動向調査結果）を0.7ポイント下回っている。だが、介護事業所における人材の不足感は、年々上昇傾向にあったところ、事業所全体での不足感（「大いに不足」＋「不足」＋「やや不足」）は全体で60.8%（65.3%）と前年度に続き改善傾向を示している。職種別でみると、訪問介護員の不足感が80.1%（81.2%）で最も高く、次いで介護職員の66.2%（69.7%）であった。不足している理由では、「採用が困難である」が86.6%最も多かった。さらにその理由としては「他産業に比べて、労働条件等が良くない」が53.7%、「同業他社との人材獲得競争が厳しい」が53.1%と高い割合になっている。
　　http://www.kaigo-center.or.jp/report/2021r01_chousa_01.html （閲覧日2021-12-17)

**【引用・参考文献】**

公益財団法人介護労働安定センター『令和2年度「介護労働実態調査」結果』
　　http://www.kaigo-center.or.jp/report/2021r01_chousa_01.html （閲覧日2021-12-17)
厚生労働省（2020）『「地域共生社会に向けた包括的支援と多様な参加・協働の推進に関する検討会」最終とりまとめ』https://www.mhlw.go.jp/stf/shingi2/0000213332_00020.html （閲覧日2021-12-17)
平野隆之（2020）『地域福祉マネジメント―地域福祉と包括的支援体制―』有斐閣：47-51頁
箕浦康子（2009）『フィールドワークの技法と実際II―分析・解釈編―』ミネルヴァ書房：18-34頁

ロバート K．イン、近藤公彦訳（2011）『新装版ケース・スタディの方法（第 2 版）』千倉書房：
　53-61頁

総務省『令和 3 年版地方財政白書』
　https://www.soumu.go.jp/menu_seisaku/hakusyo/chihou/r03data/2021data/yougo.html　（閲
　覧日2021-12-13）

湯川智美監修（2018）『社会福祉法人の地域公益活動実践ガイドブック―PDCA サイクルでできる
　福祉ニーズの多様化への対応―』：46-62頁

全国社会福祉協議会（2021）『みんなでめざそう！地域づくりとソーシャルワークの展開』：30-31
　頁

# 終章　社会福祉施設と住民との協働関係を発展させていくために

　本研究では、社会福祉法人の社会福祉施設（以下、施設）と地域住民（以下、住民）との協働による地域福祉活動に焦点を当て、その概念整理や文献検討を踏まえ、実際に実践に取り組んでいる施設の地域担当職員のインタビューデータから見えてくる「課題」「基盤」「アセスメント」を切り口として、KJ法で帰納法的に分析を行った。さらに、協働のパートナーである住民側にとっても、この協働関係はどう捉えられているのかについて、具体的な実践事例を取り上げて、KJ法及び質的データ分析法を用いて分析を行った。そのうえで、これまで論じてきたことを総括し、研究を通じて得られた知見、得た知見からの提言、本研究の意義と今後の課題を述べる。

## 1．ここまでの調査から得られた知見

　これまでの施設と住民の主な接点がボランティア受け入れであり、本研究で対象とした、地域課題の解決のために、住民と共に様々な実践に取り組もうというアプローチには「協働」が必須であると考え、施設と住民との協働にこだわって論じてきた。

　しかし、先行研究での概念整理により、協働はどちらかといえば行政計画への住民参加の方法として使用されてきた経過や、特定非営利活動促進法の成立による担い手の多様化といった背景から、行政と多様なアクターとの協働が進む中で、地域福祉の分野にも協働の概念が広がり出してきたことがみてとれた。だが、協働という言葉は地域共生社会の実現においても触れられており、「住民参加」と「協働」の双方がキー概念であることに違いない。この「協働」は多義的な言葉であり、パートナーとなる側の意識如何で、「合理的な事業遂行のた

めの協働」に陥ってしまう側面もある。住民の自主性、多様性を存分に発揮し、住民らしさ溢れる活動へと発展させるには、施設側はコミュニティソーシャルワークやボランティアコーディネーションなどの専門性を発揮して、施設と住民が、共通の目的を実現するために、信頼関係のもと、対等な立場で、役割を持ち合いながら協力できるような住民の参加を支援することが極めて重要であろう。また岡本ら（2013）の提唱する「なぎさの福祉コミュニティ」の考え方は、現在にも通じる施設と地域社会関係を取り結ぶ提言であった（第1章）。

　さらに「施設と住民との協働」に関する研究動向の把握及び比較検討を通して、施設と住民との協働の促進に直結する示唆を得ることを目的に、文献検討を行った。そこから得られたことは、まず、実践は「地域に溶け込むための基盤づくり」と「多種多様な地域住民との協働の取り組み」に大別されることがわかった。施設コンフリクトが今なお起きるなど、施設が地域に受け入れられ溶け込むことは、施設運営にとって大きな課題である。差別や偏見をなくし、誰もが尊重される地域社会づくりへの足掛かりでもある。そこで、そのために信頼関係を結ぶための実践があり、できれば施設建築前から住民協働で施設のことを共に検討する場があると、ゆくゆくスムーズに運用できる実践例もみられた。そして、その基盤づくりがあって、多種多様なプログラムが生み出される様子がうかがえた。ボランティアも住民協働の中核に位置付けられる。さらに、住民協働の促進には、ボランティアコーディネーション、コミュニティソーシャルワーク、ファシリテーション（相互援助強化技術）などの高度な専門性が必要である。そして、実際に推進するコーディネーターたる職員の存在が欠かせないこと、防災など、その時々の地域共通の関心事を住民協働のテーマに取り上げることの有効性が示唆された（第2章）。

　同じく第2章では、推進にあたり多くの課題があることが見出せた。それも、職員と活動する住民の間だけでなく、施設・利用者へのコンフリクトも含むメゾマクロ視点の課題も含まれる。そこで、施設と住民との協働による地域活動を進めるうえで、いま、実践現場ではどのような課題が起きているのかを確かめた。1つ目は、施設利用者のニーズの中に、地域の祭りに行きたい、地域の

友人に会いたいなど地域へのニーズがあることに職員自身が気づき切れていないのではないか、施設での安心安楽な生活を支援するという常識に囚われ、施設利用者も地域の中で暮らす人だという視点をなくしていたのではないかという点である。2つ目に、法人内の組織基盤の不安定さである。介護現場の余裕のなさに比例して、地域担当職員と現場職員が協力し合える関係づくりも問題である。地域担当職員は配置が必要なことは理解できるが、イコールフッティング論の観点から、人件費は社会福祉法人の持ち出しであり、経営基盤が弱い中では人材マネジメントが難しい。その他にも地域活動への基本方針や理念を持つこと、リーダーの発信力、法人内事業間の連携や記録、地域活動の可視化・言語化して発信する等の問題もあり、それぞれの法人なりの基盤整備を打ち出す必要があることがわかった。3つ目に、地域担当職員の専門性の向上が必要だが、施設にとっては新たな業務範囲であり、ノウハウがない中、模索が続く。4つ目として、地域の社会資源との協調・連携の強化である。地域課題は広範にわたり、一法人では対応しきれないため、ネットワークを構築し、連携できる環境づくりが求められる。最後に、協働のパートナーである住民との関係づくりをしっかりと丁寧に行うことである。住民側組織も高齢化やその時々のメンバー構成により不安定さがあるため、弱みを補い強みを発揮していくサポートも必要だとわかった（第3章）。

　このように、多くの課題が顕在化してきたわけだが、逆に実践現場にはどのような基盤を整備すればよいのか、必要条件を検討した。まず1つ目に、住民協働を始める前の準備段階で、問題が深刻化する地域事情や、それに対し、社会福祉法人に求められる時代の要請を把握すること、以前から地域との信頼関係の蓄積があると、スタートがスムーズである。2つ目として、まさに課題に対応できるような法人内組織の基盤整備を進めることである。3つ目に、地域との連結器となるボランティアの受け入れ、そして、職員自らが連結器となって住民の主体性にアプローチしていくことである。4つ目に、住民との関係構築の重要性を認識し、関わり続けることである。地域のキーパーソンや地縁組織の行事への参加や、施設と住民が出会う場を設けることで日常的につながる

機会をつくることが挙げられている。このことは、「なぎさの福祉コミュニティ」でも提言されていたことで、そこでは「市民的な公共空間」と呼ばれている。5つ目は、関係者間のネットワーク構築で、地域ぐるみで進められるようなネットワーキングが必要である。最後に、このような実践を広く広報し、地域活動を通して施設、施設利用者、職員を知ってもらう、地域外にも伝わることでリクルートにもつながる可能性もある（第4章）。

　次に、実際に地域福祉推進をするには、地域ニーズに近づかなければならない。そのために、いわゆる地域アセスメントをどのようにしているのかを確認した。1つ目は、地域の問題把握と同時に、施設側のキーパーソンとなる地域担当職員の配置をすることである。2つ目は、施設のことは想像以上に地域に知られていないため、住民への認知度向上を様々に試行し効果をあげていくことが重要である。家族の利用経験があるなどこれまで接点がある人以外は、一般的にいえば施設は縁遠い場所である。施設職員が想像するより、地域社会と施設の距離は開きがある。そのギャップを埋めていく必要がある。3つ目は、全職員に地域理解を深めてもらうため、住民を講師に呼んで研修をするなど、職員の理解や意識改革を行っていくことが挙げられる。地域課題に敏感な職員のアンテナがニーズを掴む可能性もある。4つ目は、地域の社会資源と連携できるようにネットワークを構築することである。一法人では対応が難しい課題があった場合にもネットワークの力で対処できるし、ネットワークの側からのニーズ把握ができる場合も考えられる。5つ目は、施設と住民とが出会う場－なぎさの福祉コミュニティにあたる場－の存在である。このような行き来自由な場所があれば、ニーズ相談が入ってくる可能性も高まるのである。そして6つ目は、普段からご近所付き合いができるかのような関係性を住民との間で育んでいくことである。困った時にはお互いさまと言い合えるほどの関係があれば、住民の側からも相談しやすくなる。以上のようなスケールの網の目が張られるようになれば、地域の個別具体的なニーズを掴むことも可能となる（第5章）。

　一方で、協働の取り組みを継続的に行うためには、住民の側にも立ち、参加を支えるものは何なのか、施設は住民に対し、どのような支援をすると有効な

のか知っておく必要がある。結果は、①真摯に福祉に取り組む職員とそこで生み出される実践を地域活動の担い手であるボランティアがつぶさに見る中で、気づきを得、高齢者福祉施設「西院」を好ましく思う気持ちが醸成される。②高齢者福祉施設「西院」の職員と親しくなり、介護現場への理解も深まる。ボランティアの立場で役割を持ち、自分が活かされる。人と人とのコミュニケーションや理解が広がり、楽しみ、やりがいや所属感が持てる。③交通費、食費のサポートなど参加しやすい条件整備がある。これらが相互に影響しあい融合しあいながら、高齢者福祉施設「西院」における活動が継続している。特に①が活動継続の大きな着目点であったことは、今回得た知見ではないかと考える（第6章）。

　同じ住民側からの分析でも、第7章では、施設と協働し、地域課題の解決のために活動する住民組織のリーダーと施設の地域担当職員双方にインタビューし分析した。住民は地域の生活者として、施設職員も立地する地域状況として、高齢化に伴い深い危機意識を持っていた。住民側からすれば、自分たちの地域をどのようによくしていけばい良いのかを考えた時に、多職種連携による地域総がかりで関わってもらいたい思いが生まれる。一方の施設側も地域に貢献したい思いがあった。また担当職員にはソーシャルワークの知見があり、地域ニーズに応える活動をすべきと考えていた。両者の思惑が一致するこのタイミングで住民組織が立ち上げたケース検討会議が始まる。本事例の肝は、住民リーダーが自身の持てる力を地域活動に注ぎ、新たな移送サービスや子ども食堂などに取り組む住民組織の設立にまで発展させたこと、そして、住民組織の側が、多職種連携ができる会議を呼び掛けたことだと思われる。地域には要支援の在宅高齢者が多数暮らしている。食事や移動に困難を抱えている人も多い。この地域ニーズが顕在化し、専門職と出合ったことで、住民と施設の協働関係を引き寄せたのである。また第7章では、この実践から8つの要因を抽出している。長い時間をかけて双方の人間関係、信頼関係をベースとし、地域の危機に対しては協働で臨む。事例分析から得た知見からは、住民の地域活動への参加支援の弱さや福祉行政の関わりの薄さなどメゾマクロ部分の課題も指摘された（第

7章)。

## ２．あるべき施設と住民との協働関係の基盤とは

### （１）地域における施設と住民との協働関係の基盤

　これまで、施設と住民との協働関係の基盤とはどのようなものかをいつくか
の調査分析を通して俯瞰してきた。その結果を図示化したのが、図終－１であ
る。

　施設と住民が、共通の目的を実現するために、信頼関係のもと、対等な立場
で、役割を持ち合いながら協力できるのが協働である。それを住民側に求める
のであれば、施設側にももちろん変化が必要となるはずである。

図終―１

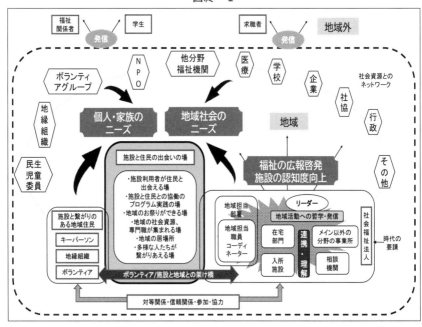

　地域社会の疲弊や、社会福祉法人への時代の要請を背景に、リーダーのイニシアティブのもと、社会福祉法人の組織内が地域志向の体質に徐々に変化していく。地域担当職員と介護職員の溝も徐々に埋まり、地域活動に理解ある法人であることは、地域内外に発信されていく。そうすると、地域からのフィードバックが職員にも届き、職員のモチベーションもあがることとなる。求職者や地域内にない学校の学生にも届けることができれば、リクルートの一助にもなるかもしれない。

　住民側も地域の危機的な状況を深刻に受け止め、手を貸してくれるというなら、社会福祉法人の動きがまさにマッチングする。住民側は、時にボランティアとして施設に関わり、時に地縁組織の活動を共に行い、時に地域課題を共に対応するなど、それぞれの持ち味を活かした協働を行う。大事なのは、施設と住民の出会いの場である。これが恒常的にあることで、ここが源泉となって、住民・施設がお互いのことを知り合い、信頼関係の醸造にもつながる。ニーズ把握やネットワーキングの助けにもなる。利用者がこの場に出ていくことで、利用者支援にもつながる。この場とは、例えば地域の祭りも当てはまるし、施設の地域開放スペースを使った教室などが代表的な「場」となろう。

　もう一つ大事なのは、地域内の社会資源が集まるネットワーキングの構築である。自施設におけるボランティア受け入れの場合であれば、ニーズを発するのは利用者か職員に限られており、ニーズの幅も見通しが立ちやすかった。しかし、今度はフィールドが地域である。対象となるのは、ニーズを要する地域住民全てである。これでは、一社会福祉法人のみでの対応ではどうしても限界があり、多職種ネットワークの一員であることのメリットは非常に大きい。既存のネットワークの仲間入りをするか、法人がネットワーク事務局を行うか、いずれにせよ、このネットワークのメンバーであることが重要である。多様なアクターとの協働は、ここでも求められるということである。

　これらがそれぞれの強み、持ち味を発揮しうるように、地域担当職員はコーディネーターのセンスを発揮して専門職としてのスキルを活かすこととなる。

この仕組みが機能するようになることで、これまで取りこぼしていた地域ニーズが表出し、協働の力で豊かで、そして、温かみのある支援が生まれることが期待される。

## （2）時系列にみる地域における施設と住民との協働関係の基盤
### ―アセスメントの視点から―

　なお、これまでの調査分析の中で、図終－1（186頁参照）には表現しきれていない動きがある。それは、時間軸が書き込めていない点である。図終－2は、地域アセスメントの視点から、時系列を意識して作成した図である。
　施設が準備段階で取り組むのは、地域課題に対応するわけなので、地域の状況把握を行い、次に施設側のキーパーソンとなる担当職員を配置し、協働関係

図終－2　住民と協働する社会福祉施設の地域アセスメントの展開過程

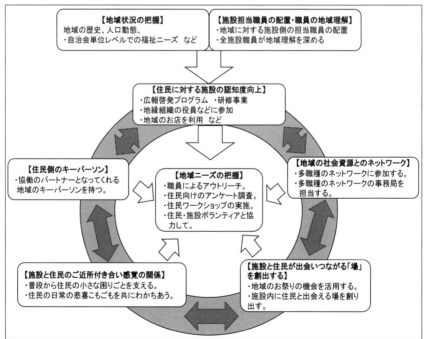

を取り結ぶ存在として機能させることである。これらは並行して行われる。担当職員を置くことはもとより、担当部署を設けたり、施設内に一緒に考えられる職員集団があったり、また、そこに人件費をかけることは必要であるという経営判断に則っていることが望ましい。なお、地域担当職員は、住民ファーストの意識で施設との架け橋になる必要がある。施設ぐるみで地域理解を進めるため、現場担当職員の方にも意図的に地域に出ていく機会を設けることも一案である。

　次に、施設のことを住民に知ってもらうために、非常に手間と労力をかけて住民への認知度向上のための様々な取り組みや、住民を講師に呼んで、施設内研修などで全職員が地域を学ぶ機会を設けている。一般の住民の方たちにとって、施設の存在は知っていても、福祉と接点がない住民層にとっては縁遠い存在である。施設に対するネガティブなイメージも未だ根強く、住民側からすれば、関心や信頼を持ちにくいという大前提がある。そこで、施設の認知度を高めて、住民と親密になるための多様なアプローチを駆使している。

　次に、専門職同士あるいは行政や企業、学校などという地域の社会資源との連携も積極的に活用していく。その時に２つのパターンがあり、地域の多様な社会資源との連携の輪に入っていくという形もあれば、施設が主となり（つまりは事務局となり）創り上げる要となることもある。前者では、普段から、地域の福祉、教育、企業、行政、住民グループ、学生、社会資源のネットワークなどと付き合いを持ち、柔軟に連携していくことや、複数の事業所がコラボレーションして子ども食堂を運営するなども考えられる。後者では、福祉以外のまちづくり系の人たちも巻き込んだネットワークの事務局を引き受けることや、条件が許されるなら第２層協議体の事務局を引き受けることで、地域へのアクセスがしやすくなるという方法も選択肢として考えられる。

　施設は高齢部門や障害部門の専門職員がそろっている強みはあるが、多種多様な地域ニーズに対しては万能とはいえず、担当職員がいても少数である。そのため、まさに包括的支援体制でもって、地域課題にあたろうとしている様が伺える。

次に、施設が、自らのフィールドではない地域で活動するには、ゲートを開けてくれる、つないでくれる住民側のキーパーソンとの出会いが欠かせない。そのキーパーソンとの普段からの関係維持が重要になってくる。地域密着型のサービスの場合は、もともと地域との結びつきを重視した運営を求められる特徴があるため、キーパーソンとの関係の築きやすさが伺える。

　さらに施設と住民が出会う「場」が日常的にあれば、関係構築にも大いに役立つ。こうして育まれる普段のご近所付き合いが源泉ともなり、信頼関係の土台が築かれる。

　拠点が提供できるというのは、これは施設の大きな強み、特徴である。施設と住民が出会いつながる「場」を創り出すことで、多様な人々がつながりあい、施設・利用者・職員理解にも役立ち、地域のために何かしたいと考える住民にとっての社会参加の場にもなる。地域のお祭りを、その「場」として利用することも含まれる。

　普段のご近所付き合いをするような関係になることが、一つの理想の形ではないだろうか。施設も地域の一員であり、その意味では、困った時はお互い様と言い合える一員のはずである。普段から、住民とはご近所つきあいの感覚で接し、その中で、あるタイミングで、住民側のやりたい、助けてというニーズが挙がってくることがある。“ご近所付き合い”ができるだけの関係性、職員の姿勢が、ニーズを引き出す呼び水になる。

　以上のように施設と住民との関係性が「場」を介して深く醸成され、そのうえさらに、アウトリーチやアンケート調査、あるいは住民・ボランティアからニーズが寄せられるという直接間接のニーズ把握が実現可能となる。図終－2（188頁参照）のすべての基盤が活用可能となるまでには、相当時間がかかるため、長いスパンで成果を見通した進行管理が求められる。

　このような対等な関係に寄って立つ協働を実現するためには、その地域にどのような社会資源があるかという個別事情により、図終－2のとおりの展開となるか、その他の要素の相互作用により個別具体的なバリエーションが生まれるだろう。

## （3）施設と住民との協働をさらに発展させるための提言

### ①公益的取組の維持運営のために

　これまで得た知見は、すべて実践現場にフィードバックして、これから住民と協働で実践を生み出していこうとする社会福祉法人に参考となるよう願いたい。

　だが、さらに終章で加えて提言として取り上げるとすれば、自主財源の確保に舵を切るという点である。「第2層協議体の事務局を引き受ける」施設が既にあったという事実から、社会福祉法人単体ですべてを抱え込む展開にせずとも、人件費の補充にもなり、地域へのアクセスもしやすくなる仕組みや制度があれば、第3章に顕れていたような、体制面や予算面の厳しさも緩和されないだろうか。

　2021（令和3）年4月の「月刊福祉」（全国社会福祉協議会）の特集は、"福祉を支える新たな財源"というものであった。責務となった公益的取組の成果が現れ始めている一方で、その財源確保が頭打ちとなり、真正面から向きあろうとすればするほど、社会福祉法人が確保できる財源を超えてしまうというものである。コロナ禍ということも相まって、公益的取組への打撃となっている。"だから縮小する、事業を辞める"ということではなく、新たな資金調達の方策を探っていく。NPOに倣いファンドレイジングの手法や会費、寄付などの方法が紹介されており、公益的取組のために社会福祉法人が自主財源を確保することも視野に入れていくことが現実味を帯びている。

　社会福祉法人の地域担当者にとって、2020（令和2）年の社会福祉法改正による新たな事業「重層的支援体制整備事業」の創設も注視すべき動きである。これは、社会福祉法第106条の4第2項に位置付けられ、市町村全体の支援機関・地域の関係者が必ず受け止め、つながり続ける支援体制を構築することをコンセプトに、「属性を問わない相談支援」「参加支援」「地域づくりに向けた支援」の3つの支援を一体的に実施することを必須とする枠組みとなっている。これらは、これまで施設と住民との協働による実践が見出してきたことが法制

度化され、さらに拡張されていくのだろうか。重層的支援体制整備事業では、福祉を超えてまちづくり、教育、地方創生、農福連携（農業と福祉の連携）など、まさに多様なアクターとの協働連携が謳われている。重層的支援体制整備事業は施設のこれまでの取り組みの行方にどう関係するか注視が必要である。

### ②協働の本質への期待

　福祉関係者にとって、協働という言葉は今や珍しいものではない。協働は様々な場面で求められている。だが、この協働の言葉に内在している意味や価値は何かというと、そこまで浸透し切ってはいないのではないだろうか。

　協働は「変革の行動原理」なのである。協働の本質は、お互いの組織や活動内容の刷新・向上をはかるための変革を前提とした行動原理であるという。つまり、協働とは異質なものの融合、あるいは関係性をもつことによって新たなエネルギー、価値、効果、変化などが創出されることを期待した概念なのである。協働のプロセスを通じて生み出されるエネルギー、価値、成果が、結果として社会の組織の変革に結びつくと考えられている。つまり協働は変革のための行動原理なのである（木原2003：22-23）。

　社会福祉施設は、施設利用者と福祉その他の専門職で構成される、ある意味多様性に欠ける空間である。施設におけるボランティア受け入れは、職員と異なる視点から、異なる役割で利用者に関わることができることが受け入れ理由としても挙げられている（筒井1998：14-15）。地域活動においては、施設と住民のみならず、ネットワークを結ぶ地域福祉の多くのプレーヤーとの協働関係を活かしながら、これまで対応できなかった様々な地域課題に住民と共に応え、「制度・分野ごとの『縦割り』や「支え手」「受け手」という関係を超えて、地域住民や地域の多様な主体が参画し、人と人、人と資源が世代や分野を超えてつながることで、住民一人ひとりの暮らしと生きがい、地域をともに創っていく社会を指しています」という地域共生社会へ向けた変革のエネルギーとなるように期待したい。そのためには、地域性や住民の特性を理解し、住民の主体性を生かす関わりを専門職として果たそうと努めることである。基本原則は、

住民とともに考え動くことである。住民だけで考えたり動いたりするのが困難な場合は、時に行政にもアプローチしていくなど、メゾマクロ部分にもリーチする専門性を発揮してほしい。施設は住民とともに地域の福祉力を高めるパートナーとしてありたいものである。

### （4）本研究の意義と今後の課題

本研究の意義は、次の3つにまとめることができる。

1つ目は、社会福祉法人の施設にとって責務となった公益的取組でもある、施設の地域活動を推進するにあたり、住民との協働の概念について再整理を行ったことである。もともと行政や市民活動の領域で多用されていた「協働」と、地域福祉の領域において、いかに関係してきたのかを確認し、多義的に捉えられる協働をいかに解釈すべきかを検討したことが挙げられる。

2つ目は、住民と協働しての地域活動を生み出すにあたっての課題、それに対処する基盤やニーズへの接近について、社会福祉法人の14か所の施設の地域担当職員からインタビューを行い、そのデータをもとにKJ法にて質的分析を試みたことである。混沌とした語りの中から統合される「島」は本質を現し、核となる要素が導き出せたのではないかということに意義があると考える。

3つ目は、住民側の意見も集め、住民からみた活動のモチベーションや協働のあり方について考察できたことである。協働は対等関係を基本としている。施設側だけの益であってはよいものでなく、双方にとって益があるもの、そして共通の目的が達成されるものでなければならない。どのような環境があれば住民側との協働関係が生まれ継続できるのか、協働を促進するには何が必要なのかを知ることは重要である。その意味で、協働のパートナーの住民の視角からの分析は価値あるものではないかと考える。

一方、残された課題も多い。

本研究では、施設と住民との協働を推進するための構成要素となるものを、質的分析によって仮説生成的に執り行ったものである。必要な基盤が明らかになったことは意義深いが、その反面、一つひとつの要素の詳細を確かめるには

至らなかった。例えば、実践の質量を左右するのは地域担当職員であり、必要なスキルはコミュニティワーク、ボランティアコーディネーション、ファシリテーションなどの技法までは挙げられていたものの、施設版コミュニティワークを実践現場で展開できるまでの具体的な技術の部分までは詳らかにはなっていない。第6・7章のような具体的な事例分析をさらに進め、深く掘り下げていくことで、より現実に即した方法論が明らかになると考える。またその際には、社会福祉法人だけではなく他法人の実践にも視野を広げると、とりわけファンドレイジングや人材マネジメントなど学ぶべきことも多いと考える。

　また、調査に協力いただいた施設の領域は主に高齢者分野が多く、障害者分野も2か所入っているが、偏りがあることは否めない。他の分野の施設にも協力を仰ぎ、今回の結果の検証・検討を行うことが課題である。

　今後、生成された仮説となる基盤一つひとつを検証し、実践現場に還元できるよう努めなければならない。

【引用・参考文献】
木原勝彬（2003）「ＮＰＯと行政の協働とは何か」新川達郎監修、「ＮＰＯと行政の協働の手引き」編集委員会編『ＮＰＯと行政の協働の手引き』大阪ボランティア協会
厚生労働省地域共生社会のポータルサイト
　　https://www.mhlw.go.jp/kyouseisyakaiportal/jigyou/　（閲覧日2021-6-21）
岡本榮一監修（2013）『なぎさの福祉コミュニティを拓く―福祉施設の新たな挑戦―』大学教育出版
筒井のり子監修（1998）『施設ボランティアコーディネーター』大阪ボランティア協会
全国社会福祉協議会（2021）『月刊福祉』104（5）：8-41頁

# あとがき

　本書の執筆にあたり、さまざまな方からご支援とご協力をいただいた。この場を借りて、心より御礼を申し上げたい。

　博士論文の主査である津田耕一先生には、博士課程に入学した2013（平成25）年から実に8年間という長い月日の間、時に中断し一向に進まない論文執筆に対しても、温かく見守り続けてくださり一貫してご教授いただいた。今日が迎えられたのも先生の忍耐と慈愛のおかげと、改めて感謝の念を深くしている。また副査としてご指導いただいた畠中宗一先生と安井理夫先生も、厳しくも温かく、また適切な助言を与え続けてくださった。無事、提出に漕ぎつけられたのも、この3名の先生方の励ましなくしては叶わなかった。心より深謝したい。

　昨今では、地域共生社会の実現、社会福祉法人の公益的活動の義務化、重層的支援体制整備事業の創設など、社会福祉施設をめぐる潮流は激しく動き、地域福祉の推進への期待は高まる一方である。本研究が、地域の福祉力が弱体化し様々な生活課題を抱える地域社会に対し、住民と施設との協働関係のもと、地域ニーズに応えられる実践の広がりに少しでも貢献できれば幸いである。だが、先生方からは博士論文は研究の通過点であり、これからの研究のための一里塚に過ぎないという言葉を賜っている。先生方のご厚意と助言を研究活動へのモチベーションに変え、今後も研鑽を積んでいきたい。

　なお、本著の一部は、「基盤研究（C）（一般）課題番号18K02086」（期間：2018～2020年度）において実施した調査内容に基づくものである。「住民と施設の協働のための実践モデルの開発研究会メンバー」である東海大学・妻鹿ふみ子教授、白梅学園大学・小野智明教授、京都光華女子大学・石井祐理子教授、関西国際大学・岩本裕子講師には、共に研究の遂行に携わり、研究に対する姿勢や鋭い視点など、一言では言い表せないほどの事柄を学ばせていただいた。

本書執筆にエールを贈ってくださった共同研究者の先生方、また大学院への進学を勧めていただいた神戸女子大学・小笠原慶彰教授、関西大学・加納恵子教授、そして、調査にご協力いただいた社会福祉施設、住民団体の皆様にも謝意を表する。

　なお、本書は、関西福祉科学大学の学術業書出版助成により、「関西福祉科学大学学術業書」として出版する機会をいただいたものである。研究助成委員会の皆様に謝意を表したい。また出版をお引き受けくださり、ご尽力くださった荻原太志様、松井克憲様はじめ、㈱みらいに厚く御礼申し上げる。

　最後に、実践現場で働いていた筆者が研究の道へと歩む過程には数多くのハードルがあり、一人の力では到底、ここまで到達することはできなかった。この間支えてくださったすべての方々に対し感謝したい。


　　2023年12月25日

南　多恵子

196

# 論文初出一覧

**第1章**

南多恵子（2023）「社会福祉施設と住民の協働に関する概念の検討」『京都光華女子大学・京都光華女子大学短期大学　研究紀要』第60号：53-63頁

**第2章**

南多恵子（2020）「社会福祉法人施設が取り組む地域福祉活動の文献検討―地域住民との協働を伴う実践に着目して―」『京都光華女子大学・京都光華女子大学短期大学　研究紀要』第58号：91-103頁

**第4章**

南多恵子（2022）「社会福祉施設との住民協働を推進するための必要条件―社会福祉法人内外に求められる基盤の探索的検討―」『京都光華女子大学・京都光華女子大学短期大学　研究紀要』第59号：139-150頁

**第6章**

南多恵子（2019）「社会福祉施設におけるボランティア継続の理由―高齢者福祉施設「西院」の継続ボランティアの要因分析から―」『京都光華女子大学・京都光華女子大学短期大学　研究紀要』第57号：173-182頁

※本書は、関西福祉科学大学において博士号（臨床福祉学）を取得した論文「社会福祉施設と住民との協働関係の基盤―高齢、障がい領域の社会福祉法人による実践アプローチからの検討―」を書籍化したものである。

※本書採録にあたっては、各論文に加筆・修正を加えた。

※なお、第2～7章における調査研究は、日本学術振興会科研費の助成を受けた研究「住民と施設の協働のための実践モデルの開発」（領域番号：18K02086、研究代表者：石井祐理子）の一部として行ったものである。

※第3～7章の調査にご協力いただいた施設職員、ボランティア・市民活動団体の方々をはじめ、ご協力いただいたすべての皆様に、心より感謝を申し上げます。

## 著者紹介

### 南　多恵子（みなみ　たえこ）

関西福祉科学大学大学院 社会福祉学研究科臨床福祉専攻 博士後期課程修了、博士（臨床福祉学）。社会福祉士・精神保健福祉士・保育士・特定非営利活動法人日本ボランティアコーディネーター協会　ボランティアコーディネーション力検定３級・訪問介護員養成研修２級。

社会福祉法人大阪ボランティア協会、社会福祉法人京都福祉サービス協会の職員としてボランティアコーディネートや社会福祉法人の基盤整備、研究活動等に従事。その後、京都光華女子大学准教授を経て、2023年度から関西福祉科学大学社会福祉学部准教授。

地域福祉、ボランティアコーディネーションが専門。ヤングケアラー、若者ケアラーと元当事者、支援活動に賛同する専門職らによる「特定非営利活動法人ふうせんの会」（https://ycballoon.org/index.html）の常務理事として活動に従事。

### 社会福祉施設と住民との協働関係の基盤
—高齢、障害領域の社会福祉法人による実践アプローチからの検討—

発　行　日―――2024年１月30日　初版第１刷発行

著　　　者―――南　多恵子
発　行　者―――竹鼻　均之
発　行　所―――株式会社みらい
　　　　　　　　〒500-8137　岐阜市東興町40番地　第五澤田ビル
　　　　　　　　TEL　058（247）1227㈹
　　　　　　　　FAX　058（247）1218
　　　　　　　　http://www.mirai-inc.jp/
編 集 協 力―――有限会社 国書サービス 割田剛雄・吉原悠
印刷・製本―――日本ハイコム株式会社